은종이
쟁쟁한 날

일러두기

본문에서 보조용언이나 합성명사의 띄어쓰기는 작가의 의도에 따른 것임.

본문에서 필자의 개인 방언이나 지역(제주) 방언의 경우 처음 단어에만 괄호 속에 표준어를 병기함.

은종이 쟁쟁한 날

제주 냄새,
사람 냄새,
물씬한 풍경들

김세홍 산문집

달아실

작가의 말

하루 종일
설레게 만드는 기운

　우리 집 마당에는 매년 9월 초순이면 호랑나비가 알짱알짱 날아든다. 초피나무 두 그루에 알을 낳기 위해서다. 근 십 년 가까이 그 애벌레들은 단 한 마리도 부화하지 못했다. 초록 똥을 누는 애벌레는 그 집 푸성귀를 돌보던 이씨 부인의 손가락에 의해 짓이겨지기 일쑤였다.

　올해도 호랑나비는 늦더위 탓에 일주일쯤 늦었지만 팔락거리며 대문을 타 넘었다. 마당 한 켠에서는 처서가 한참 지났는데도 무화과가 열리고 있다. 찬바람이 불면 채 익지 못한 채 모조리 마를 것이다.

　얼마 전 길가 화단에서는 수박 줄기에 맺힌 손톱만 한 열매를 본 적도 있었다. 바람까마귀가 아무도 찾지 못하게 구름 속에 먹이를 숨겨둔 것처럼, 그들은 왜 무용해 보이는 일을 벌이는 걸까. 어딘가 차원이 다른 곳에서 애씀의 결과를 얻고 있는 건 아니냐는 바보 같은 상상을 해보기도 했다.

글쓰기의 갈피갈피, 층층이 쌓인 층위를 다스려 세상이 내보이는 질감을 제대로 이해하고 싶었다. 알아챔과 끈기도 각성의 일부라고 여기게 된 것은 최근의 일이다. 여러 해 동안 우리 집에서 산 사람이라면 한겨울에 바짝 말라 시커멓게 된 무화과가 새들의 먹이라는 사실을 깨닫게 될 것이다.

그러니까 지금 무화과가 열매를 밀어 올리는 것은 한겨울 먹이가 궁할 바람까마귀들을 위한 것이다. 알아차림이 둔해서 그렇지, 세상에 무용한 행위란 것이 어디 있겠는가. 나는 이런 이야기가 좋다. 긴가민가하지만 떨림이 커서 하루 종일 설레게 만드는 기운 말이다. 부끄럽지만, 여기에 실린 지극히 사적인 수많은 졸고는 하루 오백 자 쓰기의 소산이라는 것을 밝힌다.

2025년 초겨울 제주에서

김세홍

차례

작가의 말　　4

1부

코뿔소 가시덩굴　　12
니가타현의 사마귀　　15
벽돌 한 장　　19
수인을 읽었다　　22
무두내마씀　　26
감목관을 배알하다　　29
네댓 번 만나도 초면인 사이　　34
은종이 쟁쟁한 날　　39
형수 L　　45
느티나무 열매　　48
그는 중국의 좌파였다　　50
때를 놓치면 뱃속이 불량해진다　　53
진주 귀걸이를 추억하며　　56
네가 먹은 붕어빵 개수를 알고 있다　　59

2부

공구가 나를 길들인다	64
벚꽃축제	67
악덕 업자	73
노변잡설	78
신의 마법이 풀리는 순간	85
칼끝 사랑	88
부러운 착각	90
의심스러운 이용사	92
여뀌 장사	95
방귀 유감	100
M 여사의 험담	103
허공에 꽃이 피었다	105
꽃을 훔치는 남자	107
구형 백동전	110
저승미투리전	113

3부

옛일을 끄집어내는 방식	122
홀애비조새 유감	125
십년공부 도로아미타불	128
햇볕을 섬기는 집	132
가을비 긴 머리 처녀야	135
보다 자유롭고 성실하게	138
저, 김태원입니다	141
다시, 당신에게	144
혼다 오토바이에게 안부를 묻다	148
구릿대 아래 꺼병이들을 생각했다	156
아들은 언제 아비를 닮을까	159
맹꽁이 소리	162
화려강산도	165
굼슬거운 웃음이 비쳤다	170

4부

검은 별	174
똥간 청소부 승혁이	177
옛 전집이 있다	181
부치지 못한 편지	184
쇠다마	186
아버지의 유산	190
양은 밥상	194
어머니 근력	196
예장(禮狀)	201
포도 담금주	204
말똥버섯	207
DDT 보리밥	211
바늘	214
아버지와 먼 길을 걷다	219
수목 제사	222
문중 벌초	227

1부

코뿔소
가시덩굴

　　　　　　　　　　　첫 강의가 있는 날이었다. 긴장했던 탓인지 간밤에 평소보다 일찍 이불을 끌어당겨 눈을 감았다. 강박관념 때문인지 첫 강의를 꿈에서 시작했다. 실제보다 더 사실감 있는 그 강의에서는 좁은 오솔길을 걸어 큰 마당이 있는 2층 저택으로 가야 했다. 오솔길은 만재비(뱀)가 기어가듯 구불구불한 붉은 길이었고, 겨우 한 사람이 정신을 수습하며 걸어야 목적지에 당도할 수 있었다.

　길 양쪽에는 치렁한 억새 풀이 드리워져 있었고, 코뿔소 모양의 핏빛 가시 돋친 덩굴도 있었다. 제한된 인원만이 강좌를 받았는데, 사람들은 끊임없이 2층 저택이 있는 곳으로 걸음을 옮기고 있었다.

　안개가 잔뜩 끼었고, 억새 풀에 숨어 있는 목소리는 사람들에게 끊임없이 질문을 던졌다.

　"러시아 혁명이 언제 일어났지?"

　"2차세계대전에서 전사한 군인의 숫자는?"

　질문은 빨랐고 단호했다. 걷고 있는 사람들은 답을 내놔야 했는데, 조금이라도 망설이거나 더듬으면 코뿔소 가시덩굴이 억새 풀에서 튀어나와 목을 휘리릭 감고 끌어당겼다. 여기저기서 남녀의 비명이 터져 나왔다. 결국 제한된 숫자는 저택에 당도할 때까지 자연스럽게 걸러질 터였다.

나는 무섬증에 손발이 오그라들면서도 한편으론 분개했다. 도대체 이런 반인륜적인 강좌를 주관한 새끼들은 누구야! 나는 반드시 살아서 이 천인공노할 만행을 고발하리라 마음먹고 있었다. 그때 풀섶에서 이런 말이 들려왔다.

"당신은 선택받은 사람입니다. 걸으면서 당신에게 질문이 쏟아지거든 흠, 흠, 흠, 이렇게만 기침하시면 무사할 겁니다. 그 대신 다른 데 가서 지금 벌어지는 일을 말씀하시면 안 됩니다. 부디 무사하시어 뜻깊은 강좌가 되시길 바랍니다." 그 목소리는 낯이 익은 듯 들렸고 다정다감했다. 어떤 안도감을 느끼면서 기침하는 목소리를 내보려고 흉곽을 부풀려 목울대를 세우려 했으나 목이 꽉 막혀버렸다. 아니, 이럴 수가 있나? 목에 가래가 꽉 찬 듯 갑갑했다. 그때 억새 풀에서 이런 말이 들려왔다.

"당신은 몇 살이지?"

이런 정도의 질문이야 기침할 이유도 없지. 바로 57세라고 말하면 되니까. 아뿔싸, 목에 꽉 찬 가래 때문에 말을 못 해 나는 가시덩굴에 목이 감기기도 전에 죽게 생긴 것이었다. 코뿔소 가시덩굴이 억새 풀에서 솟아 나와 허공에서 넓적한 줄기 끝을 코브라 뱀의 대가리처럼 치켜들어 날 노리고 있었다. 그 서슬에 나는 진땀을 흘리며 주저앉았고, 대답 대신 양 손바닥을 벌려 코브라 대가리를 향해 손가락을 꼽아 보였다.

왼손을 들어 다섯 손가락을 폈다가 오므린 다음, 양 손가락 10

개를 바짝 벌렸다가 세 개를 오므렸다.

  가시덩굴 줄기는 내가 소리 지를 새도 없이 내 목덜미를 휘리릭 감았다. 감길 찰나에 바로 목이 터졌다.

"쉰일곱입니다."

  가시덩굴은 들었는지 말았는지 감은 내 목을 허공으로 들어 올려 멈칫한 채 이런 말을 했다.

"틀렸어, 넌 쉰여섯이야. 여긴 음력 그딴 거 없어."

  아아아, 목이 감기며 숨이 막혔다. 나는 자지러지게 비명을 터뜨리며 얼굴 위까지 덮었던 이불을 걷어 내렸다.

  괴상한 꿈자리에서 일어나니 기분이 꿀꿀했다. 다행히 늦잠을 자지 않았다. 민예총에서 주관하는 도민 대상 철재 가구 만들기 첫 강좌가 있는 날이었다.

  주소를 검색해보니 재선충 일을 하던 시절 자주 다니던 곳이 오등동 산길이었다. 나는 산길을 톺는 동안 넌출거리는 억새를 보며 주위를 살핀 다음 흠, 흠, 흠, 하고 헛기침을 했다. 그러자 잠시 동안, 한 다발의 억새가 깔깔거렸다.

니가타현의
사마귀

　　　　　　　자신이 사는 바다 물빛으로 제주 바다를 읽어내는 사람. 예의와 겸손으로 무장한 사람. 추운 지방에는 살지 않겠다던 노모를 모시다 이제 막 홀로 된 사람. 나와 갑장(甲丈)인 것은 분명하나 그녀가 어떻게 생활하는지는 오리무중인 사람. 니가타대학 한국어과 교수 후지이시 다카요에 대해 내가 알고 있는 전부였다.

　그녀를 알게 된 지 정확히 만 10년이 되었다. 후지이시 다카요 선생은 제주 행사차 재일 조선인 김시종 시인과 함께 왔다가 나와 인연을 맺었다. 후지이시 선생은 그로부터 몇 년 지나지 않아 화산도 심포지엄 때도 제주를 찾았는데, 내게 어떤 고마움을 느꼈는지 둥근 플라스틱 곽에 담긴 일본 과자를 건네며 모친께 드리라 했다.

　그녀의 명함은 진작 받았지만 딱히 연락할 기회는 없었다. 어느 날 그녀가 페이스북 메신저로 먼저 소식을 건네왔고, 그때부터 소식을 주고받았다. 그녀와 나는 1년에 한두 차례, 주로 4·3 추념일 즈음에 연락하며 서로 숨 쉬고 있음을 확인하는 통과의례로 삼았다.

　김시종 선생의 시집 『니가타』를 받으면서 나는 처음으로 그곳에 관심을 두게 되었다. 니가타는 일본 중부 지방 동해 연안에 위치한 곳이다. 방사능으로 시끄러운 후쿠시마현과는 정반대편이다. 위도

상으로는 우리나라 38선과 비슷한 위치에 있고 시베리아 기단의 찬 공기를 직접 받는 곳이라, 겨울이면 약 30cm 이상 눈이 쌓인다고 한다. 니가타보다 더 북쪽에 있는 아오모리나 홋카이도보다 눈이 더 지겹도록 온다고 했다.

나는 지난해 박 여사가 운영하는 제대 앞 국숫집에서 K 선생과 이야기하다 귀가 솔깃한 격언을 들었다. K 선생은 술이 불콰하게 올라 관솔불에 비친 듯, 얼굴이 붉었다. 선생께서는 중요한 말을 할 때면 한쪽 손을 관자놀이께로 들어 올리는 버릇이 있었다. 그날도 예외는 아니어서 예의 그 손을 들어 올리더니 내게 그런 말을 뱉었다.

"세홍 씨, 나 아주 재미진 이야기 하나 고라주크라. 이거 어디 강 들어보지 못해실거라."

"무신거과? 고라보십서."

"일본 니가타현에서 전해 내려오는 기가 막히게 재미난 이야기지."

나는 별다른 표정 없이 선생을 바라보았다. 선생은 그런 나를 두고 팔을 들어 올려 이제 막 중요한 이야기를 하려는데 반응이 별로라며 그만둘 것처럼 협박했다.

"곳지 말카?"

"아니우다 고라줍써. 그 전에 술 한 잔 드리쿠다."

나는 절반 남은 막걸리를 흔들어 선생의 흰 사기잔에 쿨럭거리게 따르자, 그제야 선생께서는 말문을 여셨다.

"니가타는 눈이 많이 오는 곳인디, 옛날부터 거기 사는 농부들은 올해 눈이 많이 올지 아닐지를 여름, 가을 되면 미리 대비한다는 거라."

"그게 가능허우과. '옛날'이라고 하면 적어도 일본이 메이지 유신으로 근대화되기 이전일 것 같은디 마씀."

"경허난, 내 말 좀 끝까지 들어봐봐."

"어떻게 아느냐고 하면, '말축'이 낳은 알을 보민 그해 겨울에 쌓일 눈의 양을 알 수 있댄허는 거라. 그놈들이 높은 가지에 알을 낳으면 거기까지 눈이 묻힌다는 거지."

"아, 그런 게 있수과? 와, 그거 대단헌 발견이우다."

"말축이 어떵 그걸 미리 아는지는 몰라도, 앞날을 예측하는 게 기가 막혀부러."

그날은 박사 논문을 통과하지 못한 한 여성을 위로하는 자리였는지, K 선생의 청으로 불려갔던 나도 술을 좀 많이 마셨던 것 같다. 선생께서 말씀하신 '말축'을 나는 방아깨비로 이해했는데, 집에 와서 그 격언으로 검색해보니 찾을 수 없었다. 나는 높은 가지에 알을 낳는 '말축'이 어떤 종류일까 싶어 다시 인터넷을 샅샅이 뒤져봤지만 나오지 않았다. 대부분의 곤충은 땅바닥에 알을 낳고 있었다. 며칠이 지난 어느 날, 우연히 인터넷에서 사마귀의 생태를 살펴보던 중 높은 담이나 가지에 알을 낳는다는 것을 알게 되었다. 혹시나 하는 마음에 '사마귀, 눈, 높은 가지, 알을 낳는다' 등으로 키워드를 검색해보았다.

단번에 자료가 나오지는 않았지만, 20년쯤 전에 지금은 더 이상 발행하지 않는 잡지에 그런 기사가 실린 것을 보았다.

"사마귀가 높은 가지에 알을 낳으면 그해에 큰 눈이 온다."

니가타현 지방 농부들의 지혜가 축적된 그 격언은 방아깨비가 아닌 사마귀에 관한 것이었다. 어찌 보면 '심방말축, 왕대말축' 등과 같은 부류를 지칭하는 용어이니, 틀린 말은 아니었다.

K 선생이 내게 전해준 그 이야기 덕분에 설국(雪國)이자 후지이시 다카요가 사는 니가타에 더욱 친밀감이 생긴 것이다. 손가락만 한 곤충이 눈보라를 예측하는 미약한 숨결이 어여쁘다. 그 때문에 한 번도 가본 적 없는데도 그 지방의 아스라한 들판과 구릉, 논밭이 정겹게 느껴진다. 살아 숨 쉬는 것들은 때때로 놀라운 능력을 통해 사람을 또 다른 방향으로 교화시킨다.

벽돌
한 장

전날 음주를 했기 때문에 시청 고산동산 비탈에 세워둔 차를 찾으러 갔다. 그 동네는 대부분 도로가 비탈져서 주차브레이크를 최대한 당겨둬야 했다. 핸들도 최대한 돌려 앞바퀴를 꺾어둬야 뒤로 밀릴 염려가 없었다. 그것마저 못 미더워서 뒷바퀴에 작은 돌멩이라도 고여두어야 했다. 사고는 아차 하는 순간에 찾아오는 법이었다.

마침 전날, 비탈진 언덕에 차를 세웠을 때 허리 높이의 좁장한 화단 턱에 벽돌 한 장이 놓여 있었다. 나는 그 벽돌을 들어 뒷바퀴에 밀어 넣었다.

이십 대 후반 즈음이었다. 나는 갓 장가를 들었고, 나라 경제는 호황을 맞고 있었다. 그즈음 삐삐도 막 보급되기 시작했다. 서귀포 월드컵 경기장 근처, 본가에서 어린이집을 운영하던 지인이 있었다. 은숙이는 아직 시집가기 전이었고, 부모님과 형제자매들이 함께 살고 있었다. 나는 그녀를 군대 가기 전부터 알고 있었고, 내가 장가 갔을 때 축의금도 보내왔다. 자주 보지는 못했지만, 간간이 서로 안부를 묻고 지내던 사이였다.

어느 날, 친구가 전화로 은숙이가 죽었다는 소식을 전했다. 자초지종을 들어보니 어처구니가 없었다. 은숙이는 승합차를 운전하고 있었다. 자기 집 앞 동산길에 차를 세워두고 있었다 한다. 아이들을 내려주다가 어느 순간 차가 밀리기 시작했다고 한다. 차가 스르스름 사탈진 길을 구르기 시작하자 은숙이는 엉겁결에 차 앞으로 달려가 양손을 뻗어 차를 저지하려 용을 썼다.

체구가 작고 뼈대가 가늘었던 아가씨는 탄력이 붙어 내려가는 승합차를 감당할 수 없었다. 아이들은 승합차 안에서 비명을 질렀다. 그 짧은 순간, 그녀는 자신이 비극을 당하는 쪽으로 운명을 선택했다. 은숙이는 그대로 밀리는 차에 깔린 채, 스스로 고임목이 되었다.

나는 제주시에서 오토바이를 타고 홀로 망자의 집을 찾아갔다. 감귤밭으로 둘러싸인 동네였다. 마을로 들어서서 은숙이란 이름을 이야기하자 동네 주민이 손을 들어 바로 알려주었다.

오래된 나무대문을 밀치자, 뿔테 안경을 쓴 청년이 마당에서 그녀가 입었던 옷가지를 태우고 있었다. 나를 돌아봤는데, 너부죽한 얼굴 어딘가에서 은숙이의 모습이 얼비쳤다. 그날 가족들은 은숙이를 묻었고, 남동생은 장지에서 돌아와 누나가 살았을 적에 입었던 옷가지와 여러 행장을 태우고 있었다.

나는 남동생과 인사를 나누고 누나와의 관계를 어떻게 설명해야 할지 잠시 난감했다. 친구라고 할까, 그냥 잘 아는 사이라고 할까, 같은 동아리에서 활동했다고 둘러댈까. 나는 무슨 말을 했는지 기억에 없고 부의금만 청년에게 쥐어주었다. 두툼한 청년의 손은 부지깽이를 만졌던 탓인지 따뜻하게 느껴졌다.

나는 남동생의 얼굴을 보고 진심으로 누이의 죽음을 슬퍼하고 있다는 걸 알 수 있었다. 마당은 넓었는데, 시소와 그네도 보였고 아이들이 타서 뱅글뱅글 도는 놀이기구도 있었다. 그게 그날 내내 머릿속에서 떠나지 않았다. 슬픔이 덕지덕지 묻어 있어서 그랬을까.

은숙이는 아이들을 살리려고 자신이 고임목이 되었다. 소박해 보이는 인상이었던 그녀는 성격이 좋아서 명랑했고, 주변 남자들에게 술도 잘 샀다. 얼마 후 은숙의 죽음을 알렸던 친구는 그녀가 사혼을 치렀다는 말을 내게 전했다.

그 사건은 가끔씩 내가 동산에 차를 세울 때마다 나를 방문했다. 앞서 말한 것처럼 이중삼중으로 방비해둬야 안심이 되었다.

어젯밤 차를 세워둔 화단가에 누군가 벽돌 한 장을 놓아둔 뜻을 나는 알겠다. 사람들은 살아오면서 체험한 경험을 통해 말없이 소통하고 연대한다. 나는 뒷바퀴에 고였던 벽돌을 빼고 화단턱에 올려놨다. 벽돌 한 장의 무명씨여 고맙다. 덕분에 간밤 내 잠자리는 어지럽지 않고 안온했다.

수인을
읽었다

　　　　　　　　　　황석영의 자전 소설 『수인』을 읽었다. 그의 인생에서 가장 험난했다고 여기는 방북 사건을 암시하는 어느 날인가를 씨줄로 삼아 과거와 현재, 다시 작가가 글을 집필하던 시점을 툭툭 건드려나가는 소설은 회한과 안타까움이 잔뜩 묻어나는 쓸쓸한 문장으로 가득 차 있다. 황석영은 중학교부터 시험을 치고 학교에 들어가야 했던 고통스러운 세대였다.

　작가의 어머니가 성적이 떨어졌다고 야밤에 학교에 가서 석차가 매겨진 학생들 명단과 순위를 적어가야 했다는 일화에서 보듯, 한창나이에 남편을 잃고 큰아들이었던 황 작가에 대한 뜨거운 교육열은 대한민국의 여느 부모와 다를 것 없는 바람이었다.

　외가 쪽 집안이 부유하여 모친은 일본으로 유학을 갈 정도로 넉넉했다. 책을 좋아하고 생활력이 남달랐던 근성은 내가 보기에 황 작가가 물려받은 듯했다. 월남과 6•25전쟁, 4•19와 5•16을 거치는 험난한 현대사를 겪으며 자란 황 작가는 모친의 외가를 모티브로 한 『한씨연대기』와 방랑했을 때의 경험이 녹아 있는 『객지』, 만해문학상을 받은 『무기의 그늘』 등을 썼는데, 이 작품들은 각기 짙은 체험을 바탕으로 하고 있었다.

　『무기의 그늘』에는 글쓴이가 제대하던 해에 잠시 알고 지내던 여자와 서로 책을 바꿔 보던 중, 끝내 그녀에게 되돌아가지 못했던 에피소드가 있다. 그래서 당시 분위기를 떠올릴 때면 고구마 줄기처럼 딸려 나오듯이, 책 모서리에 붉은 사인펜으로 '정(情)'이라고 약자로 쓴 한자(漢字)가 불쑥 튀어나오곤 하는 책이다.

입대하기 전부터 안면을 트고 있었지만 애인도 아니고 그렇다고면 사이도 아닌 어정쩡한 상태로 자주 만나 차와 술을 마셨던 것 같다. 황석영 작가는 『장길산』 인세를 첫 번째 부인에게 주었다는 대목이 나온다. 이후 두 번째 부인인 김명수 무용가가 항의했고, 황 작가는 방북 사건으로 형을 사는 와중에 다시 그 판권을 두 번째 부인과 나누는 사정을 밝히면서 그런 불협화음이 징역 사는 것보다 더 힘들었다고 술회한다.

나는 20대가 저물어가던 어느 시기에 그 열 권을 읽었는데, 그 자료들을 작가가 어떻게 찾아서 썼을까 탄복하며 읽었다. 『수인』에는 장길산의 자료를 어떻게 찾고 자료화했는지 소상히 밝히고 있었다. 소설의 모티브는 아주 우연히 한 술자리에서 시작되었다. 누군가 조선 3대 도적에 대해 황 작가 앞에서 이야기를 풀었고, 그 셋 중에서 끝내 잡히지 않았던 장길산에 대해 써보라고 권유한다. 그 이후 한하에 조예가 깊은 선생에게 이 년 동안 몇몇 문인들과 한문을 배웠다고 한다.

황 작가는 기본적인 한문 소양을 배양한 후 규장각에 있는 『의금부추안급』 자료를 만드는 작업에 돌입한다. 당시 《한국일보》에 『장길산』을 연재하기로 했을 때 신문사 사장이 전폭적인 지원을 아끼지 않았고, 기자들을 동원해서 일일이 책을 넘기며 사진을 찍었다고 한다.

『의금부추안급』은 조선 중기부터 말기까지 300여 년 동안 1만 5천여 명의 죄인들을 추궁하고 기록한 엄연한 왕조 기록물이었다. 나는 몇 번이나 '의금부추안급'이라는 말을 검색해봤지만 잘 나오지 않았다.

나중에 보니, 8년 전쯤 전주대학교에서 국역으로 번역하는 사업을 벌여 백 권으로 간행했다고 한다. 그 가격은 무려 3백만 원이었다. 번역의 지난함과 수고로움에 비견할 바가 아니었음에도 왜 나는 또 아리아리하고 설레는 마음으로 돌아가 짝사랑하는 여자를 만나듯 『의금부추안급』 국역판을 사모하게 되는 것일까.

황석영은 자신이 애써 자료화했던 『의금부추안급』을 방북했을 때 북한 소설가 홍석중에게 줘버린다. 홍석중은 월북한 벽초 홍명희의 손자이며, 『나, 황진이』라는 소설로 남한에서 만해문학상을 받았다. 나는 황 작가의 배포와 의리에 놀랐는데, 그는 북한 문학의 발전을 위해 기꺼이 자료를 제공했음이 분명했다. 그 자료에는 제주의 여러 민란과 사사로운 중범죄까지 담겨 있을 터였다.

황 작가는 방북 사건으로 7년 형을 선고받고 5년을 복역하다 가

석방됐다. 그는 감옥에서 이십 일간 단식했을 때의 일, 식물을 키워 부식거리로 몸을 보했던 일, 간수와 재소자 사이를 연결해주는 소지들과의 일화들을 기억을 벗겨내듯 기술하고 있었다. 그는 그 안에서 음식에 대해 진지하게 성찰하고 자신만의 새로운 인식의 틀거지를 정립했는데, 그 결과를 책으로도 펴냈다.

어머니의 첫사랑 남자와 자신의 유년 시절을 보냈던 평양 시내, 어느 뒷골목의 젊은 소련 장교 부부를 기술하는 상황을 보면 소설과 자전의 경계가 어디까지인지 그 모호한 지점을 생각하지 않을 수 없다. 2부작 『수인』은 작가가 거의 일필휘지로 써 내려갔을 듯한 담담한 서술체 문장이 백미인데, 천재는 태어나면서 주어지는 것이 아니라 삶을 영위하는 과정에서 끈을 놓지 않고 살아온 결과로 완성되는 것은 아닐까 자문해본다.

무두내마씀

"신발 깔창 줍써!"

"예? 무싱거마씀?"

"무사? 신발 밑에 까는 거 안 풀암수과?"

"아이고, 그건 어수다. 깔창 사젠 허믄 톱마트 갑써."

"아, 거긴 가민 있수과?"

"아이고, 거기 앞에 가민, 막 폽니께."

"고맙수다."

"양, 경마랑, 신발 하나만 폴아줍써, 요새 막 장시 안 되부난. 싸게 드리크매 호나만 사줍써."

"집에도 신발덜 하영이신디."

"이래 오십써보저. 이거 요새 신기 좋은 거우다. 만오천 원인디 만이천 원에 노령주크매. 호나 상가십써."

용담로타리 네거리에서 용두암 방향으로 내려가는 길모퉁이에 신발가게가 있다. 흰머리 파마에 어깨가 굽은 할머니는 일요일인데도 문을 열어놓았다. 그 신발가게 제품은 질기거나 세련되지는 않았지만, 헐값이어서 부담 없이 살 수 있었다.

간혹 차를 몰고 그곳을 지나가다 가게가 눈에 띄면, 충동구매하듯이 들르곤 했다. 할머니는 그때까지 팔십 중반은 넘어 보였다. 언젠가 할머니에게 원래 살던 곳을 물었던 적이 있었다.

"무두내마씀. 저 웃뜨르."

"용…가?"

"예, 용강마씀. 신발가게만 혼지 사십 년 넘었수다. 얼굴만 봐도 몇 몽 신는지 취양이 어떨건지 다 알아집니다. 아저씨는 영 보난 이런 신발 신을 거 닮은디, 혼번 신어봅써."

"흠, 이건 6개월은 신어질 건가?"

"1년은 갈거우다. 비싼건디 2만 원만 주십써."

무두내가 고향이라는 할머니에게서 당시 세 켤레를 샀다. 삼만 원 초반대에 현금을 지불했던 것으로 얼핏 기억한다. 그때가 2년 전쯤이었다. 지금 내 신발장에는 여름에 신는 조리 하나만 남아 있다. 그것 또한 그때 함께 샀는지, 따로 구매했는지 역시 가물가물하다. 분명한 것은 트레킹화이자 작업화로 쓸 요량으로 구매했던 신발이 석 달을 넘기지 못하고 옆구리가 찢어져 씁쓸해했던 기억이 남아 있다는 것이다. 돌이켜보면 할머니의 상술은 노련하고 주도면밀한 구석이 있었다.

할머니는 팔 때 처음부터 먼저 부른 가격에서 얼마를 할인해주었다. 그러면 이쪽에서 많이 깎지는 못하고 천 원에서 이천 원 정도 더 깎아달라고 하면, 할머니는 그 값의 절반 정도에서 흥정하고 끝맺었다. 할머니가 노련하다고 느껴지는 것은 동정심을 최대한 자극하는 말투 때문이었다.

"애고고, 나 살민 얼마큼 산댄 신발폴멍 욕심부립니까. 놀민 심심허난 심심풀이로 허는 거우다. 재우재우 풀칠햄수다. 요건 비싼 건디 재고 딱 호나 남아시난. 그냥 들어온 금에 가져가붑써."

 결국 나는 할머니에게 도깨비에 홀린 듯 지폐를 꺼내 신발을 사고 말았다. 이윽고 나는 탑마트에 들러 깔창을 샀다. 집으로 돌아와 검은 구두를 꺼내 신발 안쪽에서 묻어나오는 검정 부스러기들을 말끔히 제거하고 깔창을 끼우려는데, 우연히 신발 굽 쪽을 보게 됐다. 양쪽 모두 구두 중간으로 너덜너덜한 실밥이 느슨하게 드러나 있었다.

 구두를 바닥에 내려놓고 한숨을 한 번 쉬고 나서 머리를 긁적였다. 이럴 때 고민은 짧을수록 좋다. 나는 구두를 들고 계단 뒤쪽에 있는 불연성 쓰레기 봉투에 담았다. 상품이 재고로 남은 지 오래되어 발생한 상황이었다.

 강력접착제를 들고 탈이 난 곳을 꼼꼼하게 붙이면 될 일이었으나, 그 과정이 너무나 귀찮아서 관뒀다.

 오늘 모시려던 깔창은 생각지도 못하게 고아가 되어버렸다. 그렇다 하더라도 나는 그 할머니를 원망하지는 않았다. 들어온 가격에 구매했으니 그걸로 된 것이었다.

감목관을
배알하다

"여기는 뭐 하러 왔는가?"
"평소 총관 나리를 존경하옵는바, 꼭 한번 뵙고자 했나이다."
"허직이다. 감목관이라 불러라."
"마지막으로 제수받은 벼슬이 아니옵니까?"
"나를 보고자 한 이유가 뭐냐?"
"총관 나리께서는, 아닌 감목관께서는 궁벽한 이 땅에서 어떻게 그 감당하기 어려운 말들을 길들이고 부리셨는지, 당시 분위기는 어땠는지 알고 싶습니다."
"말에 대해서 어느 만큼 아느냐?"
"힘이 세고 잘 달리며 가까운 살붙이와 상피를 하지 않는다는 정도는 알고 있사옵니다."
"말똥을 핥아본 적이 있느냐?"
"아니, 그것까지는……."
"오만불손하고 방자한 놈이로구나. 나를 찾지 않고도 주변에 물어볼 만한 테우리(말몰이꾼)들이 많거늘, 천상의 일로 바쁜 나를 찾아 고약하게 시간을 빼앗다니, 얄팍한 잔머리를 굴리는 네게 전해줄 말은 없다. 썩, 내 앞에서 사라져라."
"아니, 감목관 나리, 싫다고 하면 그만이지, 존심 상하는 말로 소인을 욕보이려 하십니까? 게다가 저는 감목관 나리의 여러 후손들과도 막역한 사이입니다. 특히, 제 후배 S는 자신이 뼈대 있는 집안이라고 수차례 술자리에서 강변한 바 있고 그 때문에 존경하는 감목관 나리를 생각해서 술값을 여러 번 제가 냈다는 걸 알아주셨으면 합니다."

"그렇다면 좋다. 왜, 네게 말똥을 핥아본 적이 있느냐고 물었는지 알려주마."

"그럼, 다른 뜻이 있는 겝니까?"

"사람의 오장육부를 관장하는 것은 똥이다. 네 놈이 오늘 아침에 깨물고 삼킨 것이 온전하지 못한 것이었다면 낯빛이 달라져갈 것이다. 종마도 마찬가지니라. 걸음걸이, 눈알의 기운, 털빛의 정도가 모두 배설물을 보고서 알 수 있느니라. 네 놈 생각대로 말에 대해서 배울 양이면 먼저 말을 찾아가거라. 부딪치지 않고서 뭘 안다고 하는 건 아무것도 알지 못하는 것과 진배없는 것이니 더 이상, 네게 일러줄 말은 없느니라."

"듣고 보니 그러합니다. 말똥 치우는 일부터 해야 할 듯싶사옵니다."

"흠, 내 세손과 벗하는 이가 말귀는 어둡지 않구나. 자, 이걸 건네줄 테니 한번 핥아보겠느냐?"

"그게 무엇이옵니까?"

"이게 뭐냐고? 자, 이렇게 핥아보거라. 내가 하라는 대로 하면 말이 내지르는 소리를 알아들을 수 있을지 누가 알겠느냐? 옛다!"

나는 감목관이 던져 준 것을 무심결에 양손으로 받아 보니, 반

질반질하게 윤이 나는 개떡이었다. 입으로 가져가 혓바닥을 대니, 큼큼하고 콧구멍이 뚫리는 듯한 겨자 냄새가 났다. 내 뇌리에 말똥이 연상되자마자 나는 헛구역질을 했다.

감목관은 내가 배를 부여잡고 꿇어앉아 구토하는 모습을 보고 소리 없이 웃었다. 그때 나는 번쩍하고 눈이 뜨이며, 반사적으로 입안에 든 것을 차창 밖으로 뱉어냈다. 날개가 초록빛으로 번쩍이며, 풍뎅이 비슷한 것이 날아갔다.

나는 조수석의 생수를 찾아 부리나케 입안을 헹군 뒤, 곤충이 날아간 허공을 주시했다. 그새 어느 풀섶으로 사라졌는지 곤충은 보이지 않고, 줄에 매여 방목지에서 풀을 뜯고 있는 갈색 말만이 꼬리를 흔들며 쇠파리를 쫓고 있었다. 차를 세워놓고 잠시 휴식을 취하며 책을 보려다 깜박 잠이 들었던 것이다.

나는 "에이, X발" 소리를 내뱉으려다 목울대 안으로 밀어 넣었다. 습관적으로 내뱉는 그 소리가 너무나 상스럽게 들리니 제발 하지 말아달라고 요청했던 어느 여성이 떠올랐기 때문이었다. 나는 차 문을 열고 나와 이제 막 자라기 시작하는 꽃핀 줄딸기에 뜨뜻한 오줌을 쏟아부었다. 두 개의 문인 석상으로부터 시중받고 있는 감목관의 봉분을 바라보았다.

무덤에도 새록새록 초록빛이 돌고 있었다. 입안이 쓰고 텁텁했다. 혀에 비릿하고 알싸한 기운이 남아 있는 듯하여 생수병을 들어 물을 머금고 수차례 우물거렸다. 잠든 내내 얼굴에 볕을 받아서인지 빈혈기가 몰려왔다. 나는 감목관 봉분 주변을 살폈다.

나는 발걸음을 옮겨 감목관 산담으로 올라섰다. 마른 이끼가 덮인 크고 작은 산담 돌 틈에서 푸른 식물들이 자라고 있었다. 나는 산담 사이로 줄기를 내밀고 잎사귀를 최대한 넓게 벌린 식물들을 앉은걸음으로 보았다. 무슨 큰 비밀이라도 있는 것처럼, 나는 알고 있는 식물의 종류를 수첩을 꺼내 적기 시작했다.

사철나무, 모람, 인동, 정동덩굴, 눈앞에 자라는 모든 식물들을 입으로 중얼거렸다. 예상외로 식물은 다양했는데, 담쟁이도 보였고 국수나무도 보였다. 희미하게 싹을 틔우고 슬금슬금 다리를 뻗는 녀석도 있었는데, 으름이었다.

나는 이 모든 것이 우연이 아니라고 생각했다. 풍뎅이가 감목관과의 만남을 매개했듯, 우리는 모두 연결돼 있다는 북미 인디언의 경구가 아니었더라도 그 자리에서 나는 어떤 친연성을 느꼈다.

나는 지척에 있는 감목관 종가를 바라봤다. 제주 6대 명혈의 양택과 음택을 골라 묘를 쓰고 집을 지어 후손이 발복했다는 경주김씨 가문은 대대로 83명의 감목관을 배출했다. 광해군이 이 땅으로 유배 왔을 때 김만일이 알게 모르게 지극정성을 다했던 속내를 들여다보면, 시혜를 입었던 것과 무관하지 않았을 것이다.

임진왜란 발발 2년 후, 김만일은 직접 말 5백 필을 이끌고 한양으로 갔다. 당시 광해군은 선조의 세자로서 전장에서 관군의 사기를 북돋우고 흩어진 민심을 수습하는 데 온갖 정열을 쏟았다. 그런 상황에서 천군만마를 얻은 것 같은 김만일의 말 진상은 특별했을 터이다.

김만일 생전에는 말 진상이 여러 차례 이루어졌다. 그중 절반 가까이는 광해군 때 올려보낸 것이었다. 김만일의 증조부가 명당 중의 명당이었던 반드기왓에 묻힐 때 전해 내려오는 설화가 있다. 호종단은 자기 아버지 묘를 쓰려는 아들에게 국운이 다할 때까지 대대로 후손이 벼슬을 하고 잘될 것이라는 내용을 전했다.

국운이 다한다는 말은 갑오개혁, 곧 일제 침략이 본격화되던 1895년을 가리켰다. 나라에 진상하던 공마제도 또한 이즈음 폐지되었다. 83대 감목관을 끝으로 종가의 위세는 종말을 고했으며, 4·3 때는 종손이 억울한 죽음을 맞아 종가는 풍비박산되었다. 지붕은 초가였지만 처마는 기와였으며, 다섯 칸 집이었다. 종가 사랑채는 늘 사람들로 북적였고, 국가에서 제를 지내라고 지정한 가묘, 즉 사당도 있었다. 4·3 때 불탔지만 흔적만 남은 기단과 주춧돌을 통해 종갓집 규모를 짐작해볼 수 있었다.

반드기왓의 음택혈은 의귀천과 서중천이 만나는 양택혈에서 명혈을 완성한다. 풍수지리도 사람이 있어야 제격인지, 아니면 인간이 주시하지 못하는 천하 만물의 속성을 별도로 관장하는 것인지 판단하기 어렵다. 그렇다 하더라도 문중 조상님들이 관장하는 땅의 질서는 여전히 정연하여 후손들은 부귀영화를 누리는 중이다.

네댓 번 만나도
초면인 사이

　　　　　　　　빵 굽는 저녁, 딸과 교대 시간을 잊지 않고 기억해낸 P 여사에게서 전화가 왔다. "가게에 와서 식사하고 가세요." 술이 고팠으면 "당연히 갈게요!" 하고 즉답했겠지만, 나는 선뜻 그러지 못하고 잠시 뜸을 들였다.

"술은 안 마시고 밥만 먹는 걸로." P여사의 호의를 거부하는 것도 불편했고, 술을 안 마시면서 그 자리에 앉아 밥만 먹는 내 모습도 영 탐탁지 않게 생각되었다. 썩 내키지 않은 마음으로 갔더니, 작가 K 선생과 소설가 M 선생이 뒤이어 들어왔다.

P 여사는 원래 운영하던 돈가스집이 해마다 쇠락하다 코로나 여파로 완전히 폐업했고, 그 후 붕어빵 가게에서 아르바이트를 하고 있었다. 내가 운영하는 가게에서 그녀가 아르바이트를 하게 된 것은 얼마 되지 않았다. 그간 불면을 겪었다는 것을 보니 마음고생이 심했나 보다. 그녀는 붕어빵 가게 아르바이트를 시작하고 나서 덩달아 잠도 편히 잘 수 있게 되어 기쁘다고 말했다.

마치 구세주를 만난 것처럼 열심히 일하며 진심으로 기뻐하는 것을 나는 알 수 있었다. 이런저런 고마움의 표시로 저녁을 먹으러 오라고 한 그녀의 성의에 찬물을 끼얹을 수는 없는 노릇이었다. 낮에 예약 손님이 있다고 내게 와인 안주로 어떤 것이 좋은지 물어보기에, 얼핏 생각나는 건 그저 치즈뿐이었다. '나라면 그냥 참치크래커 사다가 오징어구이 놓고 홀짝홀짝 마시련만.' 그 가게에 드나드는 교양인들은 뭔가 특별한 안주가 필요할 거라는 생각을 했었다.

내가 P 여사의 가게에 들어섰을 때, 남녀 예약 손님 네댓 명은 파장 분위기인 8부 능선을 막 올라서고 있었다. 내 지인들도 술의 페달을 열심히 밟아, 이제 막 내리막길을 과속으로 달리는 중이었다. 기분에 따라 술잔을 입에 대고 싶었지만, 그러지 못했다. 이야기는 뻔했고, 어깨동갑 강 씨가 트는 유튜브 소리는 시끄러웠고, 대화는 음악 소리에 묻히기 일쑤였다. 많이 마셔야 막걸리 두어 잔인데, 운전대를 대리기사에게 맡기기가 억울했다. 하여 찔끔찔끔 한 모금씩 술잔을 들었다 놨다 액션을 부리며 그 분위기에 몰두하려 노력했다.

맨정신으로 취하지 않아도 취하는 그런 날을 경험해보려 했으나 도저히 마음이 동하지 않았다. 자신이 작업하고 있는 최근 작품에 대해 이야기하고 있었다. K 선생과 함께 온 M 선생은 중간에 합석했는데, K 선생은 내게 벌써 네 번째 "처음 뵙겠습니다"라는 인사를 건네고 있었다. 여러 차례, 주점 '달아놀자'에서 만났지만, 선생께서는 날 기억하지 못했다.

서로 자주 만났던 사이도 아니고 나 역시 유명 인사가 아니었기에, 나를 알아보지 못하는 게 어쩌고 보면 당연했다. 비유명인이 유명인을 기억하는 것은 자연스러운 일이다. 유명인은 노출 빈도가 높기에 기억 회로는 저절로 감긴다. 반대로 유명인이 존재감이 희미한 사람을 기억하기는 어려운 법이다.

네 번을 만났고, 나는 K 선생이 분명 구면인데도 나를 초면으로 대하는 통에, 우리는 무려 네 번씩이나 "처음 뵙겠습니다"라는 말을 나누며 악수를 해야 했다. K 선생이 하루빨리 나를 구면의 세계로 들여보내 준다면 우리는 보다 생산적인 관계로 진입할 수 있을 터였다. 이것은 어디까지나 나의 희망 사항일 뿐이고, 어쩌면 앞으로도 K 선생과 나는 네댓 번은 더 초면 인사를 해야 할 것이라는 막연한 추측에 사로잡혔다.

몇 발짝 떨어진 테이블에서 여흥을 즐기던 남녀 무리가 파장하고 나가자, 강 씨는 그쪽 자리로 가서 빈 와인병을 들고 왔다. 강 씨는 천장 조명에 와인병을 비춰 내용물이 남았는지 확인했다. 그가 혀를 끌끌 찼다. 아니, 와인병에 붙어 있던 사내가 얼굴을 찡그린 표정으로 날 노려보고 있었다.

그 양코배기를 보는 순간, 나는 갑자기 술기운 없는 취기가 오르는 기분이 들었다. 나는 K 선생의 말이 잘 들리지 않아 흥미를 잃고 있었다. 마침 곁에 앉은 M 선생이 내게 "제주 분이시냐?"고 물어왔다. 점잖고 고집스러우며 은근히 꼰대 기질이 있을 것 같은 M 선생은, 초면인데도 오래전부터 아는 사이처럼 느껴졌다. 그는 최근에 '이방익 표류기'를 저술했는데, 주로 역사소설을 쓰는 모양이었다. 나는 제주에 온 지 350년이 됐다고 짧고 넌지시 말꼬리를 흐렸다. M 선생이 한순간 눈을 반짝이더니 자리를 고쳐 앉으며 "그게 무슨 소리냐?"고 반문했다.

"나의 15대조 할아버지가 인조 5년경쯤 제주에 왔습니다. 당신께서는 병조에 계셨는데, 원인 모르게 병기고 창고에 불이 났고, 그 책임을 지고 관직을 사퇴한 후 홀어머니를 모시고 제주로 오셨다고 합니다."

나는 그즈음 할아버지가 유배도 아닌데 어떻게 제주로 왔는지 그 내력이 평소에 궁금했다. 나는 개략적인 내용을 말했고, M 선생에게 혹시 신분 세탁을 한 것은 아닌가 하는 의구심을 가지고 있다고도 말했다.

M 선생은 그 기간에 한양에서 많은 사람이 제주로 쫓기듯이 내려왔다고 말했다. 사료에 세세히 나와 있지는 않지만, 정쟁에 휘말려 숱한 사람이 죽었고, 그 때문에 피신하고자 궁벽한 섬으로 들어갔다고 한다.

우리가 주고받는 말이 한창 달아올라 취기의 동산으로 올라서려 할 때, K 선생이 말허리를 끊고 들어왔다. 자기 말을 들어보라고 한다. 그 말에 내 의식은 후들려 깨어난 듯 정신을 차려 자세를 바로 했다. 그러고는 이내 주변의 소음에 묻혀 K 선생의 말이 또다시 잘 들리지 않는 것이었다. 나는 다시, 의자 깊숙이 등을 기댄 채 와인병 속 양고배기를 바라봤다. 시칠리아 깡패, 금주령 시대의 마피아 대부, 축구선수, 양조장 사장, 와인 업자… 여러 캐릭터를 상상해봤지만 몰입되지 않았다. 이후 P 여사가 취기의 가속 페달을 밟고 있었고 강 씨가 유튜브 볼륨을 올리면서 나는 한없이 긴 침묵의 나락으로 떨어졌다.

어서 이 고난스러운 취기에서 빨리 벗어나고 싶었다. 함께 취흥에 오르지 못하면 그 시간은 형벌로 변한다는 것을 다시금 깨달았다. 지난번 초면이었을 때 들었던 말과, 또 그 이전 초면이었을 때 들었던 말을 나는 다시 듣고 있었다.

은종이
쟁쟁한 날

"세홍아, 저녁에 뭐 할 거냐?"

"뭐, 별일은 없수다만 무사 마씸?"

"제원아파트 쪽에 삼겹살 먹으러 가자."

"무사? 갑자기 삼겹살? 육고기 싫어허는 사람이."

"왜? 이노무새꺄, 내가 삼겹살 먹으면 안 되나? 의사가 콜레스테롤 모자란다 햄쪄."

"게민 육고기 먹으민 치료된댄 헙디까?"

"잔말 말앙 저녁 6시에 그쪽으로 와."

약속 시간이 될 때쯤, 나는 대문 밖을 나서다가 문득 다시 집 안으로 들어갔다. 손톱만 한 정방형 체크무늬가 촘촘한 남방을 벗고 다른 옷으로 갈아입고 나갔다. 그 남방은 지난해 형이 자기 집으로 오라며 내게 입으라고 준 옷 중 한 벌이었다. 나는 형을 만나면서 그 옷을 내보이고 싶지 않았다. 나와 체형이 비슷했기에 형은 틈틈이 손수 세탁하고 다림질한 옷을 내게 건네주곤 했다. 덕분에 의류값을 절약해 저축할 수 있었다면 얼마나 건전했을까. 하지만 술값으로 다 써버렸으니 합리적인 경제 활동과는 거리가 멀었다. 그해 찍은 내 사진 속에는 형이 입던 옷들이 있었다. 그 옷들은 시간이 지나 천이 닳거나 실밥이 올올이 풀려 수선해야 할 지경에 이르렀고, 결국 의류 수거함이 아닌 종량제봉투에 담겨 봉개 야산에 순장된 지 오래였다.

형도 술을 좋아했지만, 자기 몸을 생각해 콜레스테롤 수치를 높이는 구운 삼겹살에는 소주를 마시지 않았다. 내 일상에서 "삼겹살은 소주다"라는 등식이 늘 성립하지 않았던 순간이기도 했다.

형은 모슬포 알뜨르 비행장으로 내려가는 일주 도로변 건물 2층에 세 들어 '태영건설'이라는 유리창 선팅 간판을 달고 십여 년 동안 운영했다. 형은 틈틈이 관의 입찰을 통해 교량 공사 등을 벌여 호구지책으로 삼았다. 1급 토목기사 자격증을 소지한 그의 직원은 사무실 근처에 거주하던 30대 여직원이 유일했다. 소규모 건설사였던 태영건설은 우후죽순처럼 난립하는 대형 건설사에 밀려 현장에서 설 자리를 점점 잃었다. 훗날 형은 태영건설을 그 여직원 남편에게 물려주고 주로 항파두리에 주재하며 해설사로 활동했다.

「산방철물」, 「모슬포에는 바람이 분다」, 「단산 그늘」 등은 모두 그 동네를 배경으로 하고 있었다. 형은 사진 찍는 후배에게 받은 파나소닉 700만 화소 디카로 자신의 블로그에 사진을 올리고 글을 달았다.

"세홍아, 사진 찍을 때, 가령 수평선을 상단에 놓는다면 그 비율에 맞춰 해안을 조정해야 제대로 나온다." 이는 형이 자주 찾던 고내리 해안에서 바다를 향해 사진을 찍으며 내게 했던 말이다. 4, 5백만 화소를 들고 일반인들이 득의양양해하던 때여서, 형의 디카는 비록 얻어 쓰는 처지였지만 꽤나 고급스러웠다.

형이 《현대시》로 등단하고 새로운 밀레니엄이 오기에는 아직 멀었던 해였을 것이다. 형은 시 동인 '한라산문학동호회'와 가까웠는데, 그 중심에는 갑장인 문복주 회장이 있었다. 둘은 평소 너나들이하며 친하게 지냈다. 군칠이 형이 한라산 동인회 회원들을 모슬포에 있는 자신의 사무실로 초대했다. 마침 방어 철이어서 방어회를 먹자고 했던 것이다. 모두 합쳐 열다섯 명은 넘었을 것이다. 인원을 나누어 시장 보는 팀과 사무실에서 준비하는 팀으로 배분했다. 잠시 후, 대방어 12kg짜리 몇 마리를 사 들고 왔다.

그해 모슬포 앞바다에 무슨 풍년이 들었는지, 도감을 맡았던 누군가가 썰어 내온 횟감에는 기름기가 자르르 흘러넘쳤다. 칼날을 저미듯이 눕혀 얇게 썰어낼 수 없는 둔중한 손 탓일 수도 있겠지만, 입안에서 혓바닥으로 굴리며 씹어보니 회의 질감은 우리가 흔히 먹던 얄팍하고 보드라운 살점이 아니었다. 마치 육고기의 생비계 같다고나 할까. 나는 속으로 '나만 그런가' 생각하며 살며시 동인들의 얼굴을 살펴보았다. 동인들은 초대한 이가 직접 고른 방어라 신뢰하려고 최대한 노력해서인지 별다른 표정을 읽어낼 수가 없었다. 내가 세 점 정도 먹고 도저히 느끼해서 더는 먹을 수 없을 때쯤 형이 먼저 입을 뗐다.

"야, 이거 너무 느끼해서 도저히 못 먹겠다."

그 말에 기다렸다는 듯 이구동성으로 웃으면서 이미 물려버린 횟감에 대해 제각각 한마디씩 했다. 난데없이 방어회는 날것으로 먹는 대신 튀겨 먹는 파티로 전락했다. 프라이팬에 살점을 놓자, 불기를 머금은 쇠판이 자글자글 소리를 내며 기름기를 뱉어냈다. 차라리 회로 먹는 것보다 그편이 훨씬 나았다. 그날 대방어회에 질린 이후로 나는 방어회를 제일 아랫길로 여기게 되었다. 대방어 가격이 쌌던 이유가 다 따로 있었다.

단란주점에 가면 박강성의 <문밖에 있는 그대>를 잘 불렀고, 행사 때 시 낭송을 하게 되면 외워서 낭송했다. 다시, 어느 해였던가. 형은 내게 전화를 걸어 서귀포로 넘어가자고 했다. 밥을 사주겠다며 나를 꼬드겼다. 마침 비가 와서 재선충 작업반도 쉬는 날이었는데, 그날 형이 내 형편을 알고 전화했던 것이다. 형은 서귀포 신시가지에 공연을 할 수 있는 어떤 건물에서 이중섭에 관한 자신의 시 「수평선에 묻다」를 낭송하기로 했다.

형은 자신의 회색 소나타에 나를 태우고 제주시에서 서부 관광도로를 달리고 있었다. 제주시에서 보슬비처럼 내리던 비는 차의 뒤꽁무니를 쫓아 속도를 높이는 차에 맞춰 작달비로 쏟아졌다. 차 안에서 형은 연거푸 두 번 정도 자신의 시를 암송하며 내게 틀린 곳이 있으면 봐달라고 부탁했다. 그날은 그해 방어 축제 중 어선을 탔다가 고혼이 된 신임 서귀포 시장의 행사 격려 인사말을 듣기도 했다. "정방동 512번지 어쩌고" 하던 형의 살짝 비음 섞인 낭랑한 음성이 내가 기억하는 전부였지만, 까탈스러운 성격만큼 낭송 또한 깔끔했다.

형의 첫 시집 『수목한계선』이 나올 무렵, 나는 컴퓨터 장삿길에 빠지는 바람에 주변 사람들과 소원하게 지냈다. 내가 어쩌다 형을 만났을 때, 형은 글을 쓰지 않고 불건전한 일에 빠져 허둥대는 내게 예의 잔소리 한 보따리씩 풀곤 했다. 그런 내가 괘씸해서였는지 첫 시집도 내게 보내지 않았고, 나 역시 관심 두지 않았다. 돌이켜보면 그때가 내 인생의 흑역사였다고 할 수 있으나, '인생이 밝은 쪽에서만 서성였던 이는 뭔가 모자란 사람처럼 매력이 없는 법'이라는 논리로 그 시절의 나를 변명하고 싶은 것이다.

형이 돌아가시기 40일 전쯤이었을 것이다. 형이 그 누구에게도 자신이 췌장암 말기라는 사실을 숨기고 있었을 때, 나는 항파두리 근처 재선충 현장에 있었다. 현장 여기저기에 흩어진 인부들은 해당 필지마다 죽어 있는 소나무를 장부와 대조하며 훈증 처리하거나 이동 소각할 나무를 분류하여 작업하고 있었다.

나는 현장을 옮겨 다니며 재선충 방제 규정에 따라 작업이 제대로 되고 있는지 관리 감독하고 있었다. 현장을 옮겨 다니던 와중에 잠깐 항파두리 관리사무소에 들렀다. 형은 때마침 해설할 시간이 비었는지, 관리사무소에서 조경수로 심은 하귤나무 열매 하나를 건드리고 있었다. 형은 면도칼로 망설임 없이 하귤을 낮은 울담에 올려놓은 뒤, 칼날을 살짝 찔러 넣고 손아귀에 적당한 힘을 주어 어슷어슷 밑을 향해 그었다. 칼날에 네 등분으로 베인 하귤의 꼭지 부분에 엄지를 박고 껍데기를 벗겨냈다. 겨울 볕을 지나온 하귤은 마치 자신이 사유했던 세상만사 모든 시름을 내게 고하는 듯, 환향의 신 냄새를 풍기고 있었다. 형은 파리한 입술로 귤 조각을 떼어 하나씩 세길스럽게 먹었다. 먹는 짬짬이 우린 그렇고 그런 대화를 나누었고, 형은 자신이 하고 있는 해설사 일이 마음에 든다고 고백했다. 형은 내게도 벗겨낸 한 겹을 권했지만, 나는 손사래를 쳤다. 보기만 해도 시어 보여서 저절로 눈살이 찌푸려졌다.

'이렇게 신 걸 어떻게 입맛이 당기나' 하며 이상하게 생각했다. 오장육부의 어떤 부분이 안 좋으면 신 것이 당긴다는 글을 어디선가 본 적도 있는 것 같았다. 이승에서 형이 마지막으로 내 앞에서 깠던 하귤을 먹을 때 관계가 끊겼다. 때가 되면 국민연금으로 백만 원씩 수급할 거라던 형은 그즈음 수급 연령에 도달했을 텐데, 첫 달이라도 받았을까. 그랬으면 좋겠다. 이러한 생각 역시 형을 보내드리는 작업 중 하나일 것이다.

형수 L

　　　　　　　　　스물한 살 가을 무렵이었을 거다. 납읍에 살던 정옥이란 여자를 알고 있었는데, 그녀 친구들과 신제주 삼무공원에서 미팅을 하게 되었다. 그곳에는 팔각정이 있었고, 해방 전후 수많은 백성을 실어 나르던 미카 기관차도 있었다.

　우리는 그 근처 평평한 곳을 골라 앉아 미팅 후 서로 짝짓기 시간을 가졌다. 서로 파트너가 마음에 들지 않으면 다른 파트너를 가로챌 기회를 주었다. 그때 정옥이가 사는 납읍 동네에 소꿉친구 L이 있었다. 나는 그녀가 별반 눈에 띄지 않아 무시했고, 다른 여자애들도 평범해서 특별한 기억은 없지만, 늦은 밤까지 공원 잔디밭에서 그녀들과 함께 소주와 맥주를 마셨다.

　질풍노도의 시기여서 대학을 휴학하고 군에 입대하거나 진학하는 등 청춘의 가속에 휩쓸려 정신없이 30대에 접어들었다. 어느 날 친구 형이 결혼한다는 소식을 듣고 잔치가 있는 그 집에 갔는데, L이 신부였다. 지금은 사라진 풍속이지만, 결혼을 앞두고 아침에 신랑이 신부 집에 손수건을 사러 우시를 간다거나 백년가약을 맺고 폐백을 드리는 등의 절차가 있었다.

　L은 나를 보더니 매우 반가워했고, 나는 당연히 깜짝 놀랐다. 서로 밑을 놓았던 것은 물론이고, 그 이후 친구 형의 아내로 드문드문

얼굴을 마주쳐도 나는 그녀에게 형수라는 호칭을 쓴 적이 없었다. 그러던 중 친구로부터 형수가 췌장암에 걸렸다는 소식을 들었다.

나는 형수가 된 L의 안위를, 정지용의 「향수」 시구처럼 아무렇지도 않고 예쁠 것도 없는 존재로 여기며 잠시 걱정했을 뿐이었다. 그 이상의 특별한 마음 씀은 없었다. 그녀의 병이 그렇게 심각했을 줄은 몰랐던 것이다. 서로 바쁘고 돌볼 시간도 없었고, 되돌아본다 해도 감흥이 없었을 만큼 시간은 여전히 무자비하고 속절없던 시절이었다.

나는 정말 우연찮게 절물휴양림에서 벚꽃망울이 피기에는 이른 따뜻한 날에 털모자를 쓴 L의 가족을 만났다. 나보다 두 살 위였던 친구 형은 수더분한 사람이었고, 허물없이 동생 친구들과 지냈기에 만나면 언제나 살가웠다. 그날만큼은 가족 분위기가 앞으로 살 날이 얼마 남지 않은 L에게 집중되었던 듯했다.

L은 내게 직접 쌌다며 김밥을 권했고, 나는 삼나무가 숭숭 서 있는 숲 위 파란 하늘을 바라보며 그녀의 건강을 물었다. 그때 중학교에 다니는 L의 첫째 딸이 투정을 부리자, 친구 형은 대자연 속에 나오니 얼마나 좋으냐며 말을 돌렸다. 아내의 병환을 밝게 떠받치려 하는 게 느껴졌다.

나는 그 상황이 편안하면서도 낯설었는지 L에게 "형수님, 얼굴 좋아보이십니다. 난 이렇게 가족끼리 구경 못 가봤습니다. 좋은데요."라며 진심으로 위로의 말을 건넸다. 핏기 없는 얼굴로 형수는 나직한 목소리로 내게 사는 형편이 어떠냐며 안부를 물어왔다. 서로 그저 일상적인 인사여서 특별히 그날의 대화는 기억나지 않는다. 다만 세상을 초연한 듯한 가정주부의 조용한 말투만이 내게 희미하게 남아 있다.

  그로부터 오래지 않아서 형수는 세상을 하직했다. 강산이 두 번 바뀌고 세월이 조금 더 흐른 지금, 나는 L의 이름을 완전히 잊었다. 다만 형수라는 호칭만이 내게 남아 있다. 이니셜 L은 마지막으로 보았던 형수의 체형과 비슷해서 임의로 붙였을 뿐이다. 잊어버린 함자를 되살리려면 그녀의 도련님인 내 친구에게 물어볼 수도 있겠지만, 무슨 의미가 있겠나 싶었다.

느티나무
열매

　　　　　　　　　얼마 전, 햇볕이 좋은 날이었다. 멀리서 보았을 때 기골이 있어 보였으나 젊어 보이지는 않는 여성이었다. 그녀와의 거리가 열 걸음 남짓 좁혀지자, 나는 큰 박을 엎어 놓은 듯한 그녀의 배를 보고 깜짝 놀랐다. 게다가 동트는 햇살에 한쪽 눈을 찡그린 얼굴은 살아온 내력이 가득한 주름진 얼굴이었다. 나는 그 상황이 얼핏 이해되지 않아 혼란스러웠다.

　최소한 고희는 넘었을 노파의 상황은 병중에 있음을 암시했다. 그것은 간을 다쳐 복수가 찼다는 것을 미루어 짐작하게 했다. 내가 살면서 그런 몸의 형태를 목도한 건 처음이었다. 그 정도로 복수가 찼다면 자신의 수명이 얼마 남지 않았음을 자각하고 있었으리라.

　복수가 차면 주기적으로 병원에 가서 물을 빼야 한다. 점차 횟수는 빈번해지고 그러다 어느 날 간 혼수가 오면, 당사자는 영영 이 땅을 벗어나 생을 마감하게 된다. 내 아버지가 그러셨으므로 나는 그 과정에서 벌어지는 일들을 소상하게 경험했다.

　그 노파도 지금쯤 이 세상에 없을 테지만, 혹 잠자다가 문득 부푼 배를 부여잡으며 자기 뱃속에 담았던 아이들을 환각하지는 않았을까. 죽어가는 몸과 새로운 생명이 발현되던 때를 교차하여 들여다보며 노파가 느꼈을 비감한 감정을 헤아리자니 시간이 흘러도 쉬이 잊혀지지 않았다.

나도 모르는 사이에 생뚱맞게 비어져 나오는 노파의 모습은 오늘도 불쑥 떠올랐다.

낮에 공원에서 어떤 느티나무를 보았는데 열매가 달려 있었다. 나는 무심결에 손을 뻗어 열매를 따려 했지만, 아교로 붙인 듯 떼어지지 않았다. 이파리를 들어 자세히 톺아보니, 아뿔싸, 열매가 따로 맺힌 것이 아니라 군데군데 부풀어 오른 흔적들이었다.

쉽게 말해 나무는 지금 병해충에 걸려 심각하진 않지만 쾌청한 상태는 아니라는 뜻이었다. 그 순간 임신했던 노파의 얼굴이 내 안으로 들어왔고, 나는 조금 씁쓸해서 우악스럽게 뜯은 가짜 열매, 아니, 이파리를 손가락으로 초록 물이 들 때까지 짓눌렀다. 무의식 중에 재잘거리는 생명의 기운을 막는 병이 미웠다. 나중에 집으로 돌아와 느티나무가 걸리는 병을 찾아보니 외줄면충이라는 충영이었다.

어쩌다 내가 그 노파의 풍경을 사버렸는지 당혹스러운 일이었지만 삿된 기운이 내 일상에 들어와 내 안의 질서 정연한 사물들을 헤집는 일은 원치 않는다. 그런 기운들은 한군데 붙박여 있기보다는 세상 곳곳을 휘돌다가 잠깐씩 세상살이를 지루해 여기는 족속들을 한 번씩 깨우는 정도로만 머물다 갔으면 한다.

그는 중국의
좌파였다

각종 비급이 전해 내려오고, 천하 고수들이 중원이 어지러울 때만 은둔지에서 내려온다는 중국 무림 세계. 태극권, 영춘권 등은 그 대표적인 무술이며, 문파들은 골목마다 어린아이들의 돈을 우려내며 현재까지 생계를 이어오고 있다고 한다. 과거 중원은 현재의 격투기처럼 대중적인 시장이 형성되지 않아, 전통 무술이 방송으로 중계된 적은 없었다.

아니, 딱 한 번 1950년대 후반 흑백 중계된 경기가 있긴 했다. 평화롭던 무림계에서 어떤 회합이 있었는지, 서로 다른 문파의 초고수 두 명이 맞붙어 싸우게 되었다.

흑백 필름으로 여태껏 남아 있는 기록을 보면, 사각 링 안으로 들어선 두 사람은 심판이 경기 시작을 알리자마자 동시에 포권을 취하고 공손하게 예를 갖췄다. 그들이 절도 있는 동작으로 초고수답게 화려한 권법과 발차기, 공중제비 돌기를 시전하며 관중의 탄성을 자아냈다면 얼마나 좋았겠나. 하지만 경기가 시작되자 처음에는 그럴듯한 포즈를 취했으나, 막상 맞붙자 문파의 비기는 사라지고 마구잡이식 손짓 발짓으로 뒤엉켜 싸우기 시작했다.

누가 이겼는지는 중요하지 않았다. 그 경기를 본 대다수의 중국인은 아마 크게 실망했을 것이다. 1분도 채 되지 않아 수천 년 중국 전통 무술의 신비감은 사라져버렸다. 개싸움으로 변해버린 중국 전통 무술 초고수들의 경기 과정은 사기꾼이라 불러도 무방할 만큼 무책임했다.

그 낡은 필름은 정부 당국에서도 수치로 여겼는지 사회에 개방하지 않다가, 최근 관리 부실로 누군가에게 유출된 모양이었다.

이소룡이 한창 주가를 날리던 1970~80년대, 우리나라 청소년 둘 중 하나는 무협지에 중독되거나 쌍절곤을 사서 집에서 몇 동작을 익히며 유행을 좇았다. 하지만 그 무협과 이소룡의 세계는 그렇게 사라졌다.

1990년대에 들어 격투기라는 종목이 세계적으로 유행하게 되었고, 이제 격투기는 세계 무술의 장점을 흡수하며 최고의 무술로 자리 잡았다.

최근 중국의 쉬샤오둥이라는 30대 무술가가 중국 전통 무술은 사기라며 도전장을 내밀었다. 그는 실전에는 전혀 쓸모없다는 말과 함께 도장 깨기를 선포했다. 몇 년 사이 그와 대결한 중국 고수들은 몇 분을 버티지 못하고 모두 나가떨어졌다.

쉬샤오둥과 대결한 전통 무술의 대가들은 하나같이 1950년대 선배들의 싸움을 흉내 냈다. 쉬샤오둥은 실증주의자였다. 그는 안개를 걷어내고 있는 그대로 세계를 이해하는 것이 중국이 발전하는 길이라고 보았다. 그의 생각과 논조에 박수를 보내는 한국 팬들이 꽤 많은 것을 보고 나는 놀랐다.

결국 쉬샤오둥은 중국의 전통을 말살한다는 당국의 의심을 사

모든 행동에 제약을 받고 있었다. 쉬샤오둥은 또한 한국 영화에 해박한 지식을 가지고 있었다. 그는 실용주의 관점에서 한국 영화의 다양한 콘텐츠와 소재를 중국도 본받고 배워야 한다고 주장했다. 그는 중국 문화 발전이 더딘 원인이 사회 비판 의식의 실종과 당국의 무조건적인 수용 때문이라고 표명했다. 쉬샤오둥, 그는 한마디로 중국 좌파였다.

때를 놓치면
뱃속이 불량해진다

저녁을 놓쳤다. 부슬부슬 비가 오는데, 나는 문상길에 대해 여러 포털을 넘나들고 있었다. 초저녁 6시를 기점으로 서둘러야 했는데, 검색에 가속이 붙어버린 조급함 때문에 안채에서 밥 먹으라는 어머니의 목소리도 흘려들었다. 다음 주 22일 화요일은 우리나라 군사재판 법정에서 사형당한 문상길 중위의 제삿날이다. 이날 몇몇이 모여 추모제를 열기로 했다.

8월에 지인 몇 명과 강원도 사북항쟁 40주년을 맞아 안동을 거쳐 가면서 안상학 시인을 만난 일이 있다. 우리 일행은 안상학 시인이 조사한 문상길 중위에 대한 보고회를 가졌다. 문상길 중위는 안동이 고향이었고, 그가 태어난 300년 된 고택은 지방문화재로 지정되어 있었다. 문상길 중위의 고향 마을은 1980년대 중반 댐 건설로 수몰될 위기에 처해, 근처 마을로 고택을 옮기게 되었다. 우여곡절 끝에 문상길 생가터는 다른 이에게 팔렸다.

다행히 고택 주인은 안상학 시인의 지인이었다. 그런 인연으로 제주 일행은 문상길의 고사리 손때가 묻었을 사랑방에서 안상학 시인에게 남평문씨 족보 이야기를 듣게 되었다. 만주로 이주해 간 문씨 일가의 스산한 삶을 짐작해볼 기회를 가진 것이다. 문상길의 애인이었던 서귀포 여자 고양숙은 그 후 어떻게 살았을까?

문상길은 겨우 23세의 나이로 경기도 수색에서 손선호 하사와 함께 총살당했다. 하늘나라 법정에서 다시 재판받고 싶다며 당당하게 죽음을 받아들인 문상길은, 검은 군복을 입은 채 포승줄에 묶인 모습으로 천연덕스럽게 웃으며 스리쿼터(지프와 트럭의 중간급 군용차)에서 내리고 있었다. 박진경의 머리와 심장에 M1 소총을 직접 쏜 손선호 하사 역시 죽음을 앞둔 사람이라고는 믿기 어려울 정도로 해맑은 미남이었다.

박진경은 1948년 6월 18일 대령으로 진급하던 날, 관덕정 서쪽 골목으로 삼십여 보 걸어 들어가면 나오는 2층 건물 적산 가옥 옥성정에서 축하연을 가졌다. 술을 잘 못하던 박진경은 그날 몹시 취했고, 관사로 돌아가 잠을 자던 중 총에 맞았다. 제주농업학교 교장실 숙소였던 곳이 관사로 사용되고 있었다.

미군정은 김달삼과 평화 협상을 벌였던 민족주의자 김익렬을 사실상 해임한 뒤, 영어를 잘했던 박진경 중령을 후임으로 내려보냈다. 박진경이 부임하자 무장대 관련 혐의자들은 갑자기 기하급수적으로 불어나기 시작했고, 희생자가 속출했다. 그날 새벽 3시쯤 죽은 박진경의 숙소는 어디쯤이었을까, 전농로 일대를 꼼꼼히 들여다보았다. 지표가 될 만한 옛 건물이나 지형이 남아 있지 않아 그저 막연할 뿐이었다.

허겁지겁 검색엔진을 돌리다 보니 어느새 막다른 곳에 다다랐다. 더 이상의 출구는 의미가 없었다. 이제 그만하자며 자신을 다독이고 운동화를 신었다.

중앙초등학교 운동장을 뛰면서도 나는 한진오를 닮은 키 작은 남자 문상길에게서 빠져나오지 못하고 있었다. 문상길은 취조 과정에서 부하들만은 엮이게 하고 싶어 하지 않았다. 결국 동료들과 공모했음을 밝히게 된 이유는 애인 고양숙이 끌려왔기 때문이었다. 그는 고양숙을 살렸다. 고양숙은 문상길의 재판 법정을 끝으로 사라졌다.

재판정에서 문상길이 사형을 선고받을 때 고양숙은 갑자기 속이 메슥거림을 느낀다. 그녀는 나지막이 '재판은 아직 시작도 하지 않았어'라고 되뇐다. '당신은 하늘나라 법정에서 다시 재판을 받으시오. 나는 이 땅에서 언젠가 당신의 억울한 죄를 벗겨주게 해줄게요. 이제 그 세월을 잊게 해줄 누군가가 있지 않겠어요?' 아마 이런 비장한 마음으로 재판을 지켜보지 않았을까.

여느 때와는 달리 허기졌다. 샤워를 하고 나니 배가 더욱 홀쭉해진 느낌이다. 안채로 건너가 부엌 등불을 켜고 냉장고를 열었으나, 무엇 하나 마땅치 않았다. 냉동실에서 초코파이 하나를 꺼내 밤을 넘기려 작정했다. 방으로 돌아와 천천히 살얼음 낀 초코파이를 앞니로 끊었다. 달콤한 시간은 짧다. 이것은 허기를 막는 둑이 되기는커녕 오히려 촉매 역할을 했다. 그래, 세홍아, 때를 넘기면 넌 불량해진다는 걸 매번 깨닫고도 또 그러느냐?

진주 귀걸이를
추억하며

              선한 사람은 죽음을 깃털처럼 가벼이 여겨 저승길을 두려워하지 않는다더니, 당신이 꼭 그 짝인 듯싶소. 이제 지하상가에 내려가도 내 발길은 정처가 없겠소. 내가 어쩌다 찾아가면, 당신은 내 얼굴이 몹시 핼쑥해 보인다 싶을 때 상가 식당에서 돌솥비빔밥을 시켜주곤 했었소. 나는 못 이기는 척 얻어먹고는 그만큼 답례를 해야 했는데, 마땅한 것이 없어 늘 곤란했소.

  내가 한창 각종 효소 담그는 데 취미를 가지고 있었을 때였소. 당신에게 구찌뽕 효소 큰 생수병 하나를 드린 적이 있었소. 당신은 그것이 몸에 좋다며 또 다른 지인에게 귀띔하였소. 나는 못 이기는 척하며 한 병을 더 당신 가게로 가져갔었소.

  그때는 십 년도 훨씬 넘어 내가 오십 줄에 접어들기 한참 전이었소. 시 낭송 행사에서 당신을 뵙기는 했으나, 교분을 가졌던 건 제주철학사랑방에서였소. 그 단체는 신구파로 나뉘어 아무것도 아닌 일로 반목 대립이 심하였소. 나는 본래 목적에 멀어져가는 그 단체에 더 이상 관여하지 않았고, 당신은 오랫동안 총무 역할을 하며 본래의 뜻을 지키려 꾸준히 활동하였소.

  나를 만나면 철학사랑방 사람들 소식을 전해주었고, 풀지 못할 갈등을 내게 소도리하기도(말전주하기도) 하였소. 낭송 단체의 이런저런 가십도 "어디 가서 말하지 마세요."라며 미소로 장난스레 귀띔했던 것을 기억하오.

당신의 일터인 지하상가 액세서리 가게는 동네 사랑방처럼 사람들의 발길이 끊이질 않았소. 당신의 어진 성품은 쉽게 넘을 수 있는 창턱과 같았소. 나는 당신에게서 퀼트 필통, 지퍼 달린 넥타이, 목도리 등을 여러 번 받았던 기억이 아직도 선명하오. 그것은 다 동갑 친구로 여겨주었기 때문에 가능한 선물이었을 거요.

당신에게 받기만 하고 해준 것은 없으니, 나는 살아 있는 동안 그 빚에서 벗어나지 못할 채무자가 되고 말았소.

당신은 제주문화원에서 오랫동안 그림을 그려 수준급의 실력을 갖췄고, 전시회도 가졌소. 언젠가 당신은 집에서 멀지 않은 곳에 창고를 개조하여 화실을 갖고 싶다고 하였소. 손이 야무지고 부지런하여 퀼트로 만든 제품들이 가게 사방에 걸려 있는 것을 볼 때마다 그 소질이 그림에도 미쳐 있음을 직감하였소.

이제 진주 귀걸이 간판도 떼겠구료. 야무진 손끝에서 피어 올리던 된장찌개를 더 이상 맛볼 수 없는 남편과 두 아들의 슬픔만 하겠소?

당신 아들은 우리 아들 또래이고 같은 사범대를 졸업했다고 하여 자주 내 아들의 소식을 묻곤 했었소. 그 안부를 되새기며 남아 있는 당신 아들이 염려스럽소.

가게에서 우연히 봤던 당신 아들을 저잣거리에서 마주친다 한들 알아볼 수 있겠소? 가게에서 몸 형편이 좋지 않던 당신에게 구당뜸을 권했던 기억이 있소. 그 몸의 균열이 저승까지 길을 낼 줄이야 그 누가 감히 짐작이나 하였겠소.

주위를 둘러보면 눈 닿는 곳 모두가 막장길이오. 본래 삶이 그러한데 내 안위를 염려하며 세운 자잘한 계획이 무슨 소용에 닿겠소? 그러니 모든 게 부질없다 느껴지오.

마지막으로 찾아갔을 때, 당신은 내게 신신당부했소. 미래를 생각해서 꼭 주식형 저축에 투자하라고 하였소. 그것만큼 노후 대책으로 좋은 것이 없다고 하였소. 이제 다 옛 추억인 듯, 살아생전 희미한 파들거림이었구료.

부디 잘 가시오. 현돈 교수도 만났겠구료. 이쪽 세상에서 미처 누리지 못한 복, 꼭 그쪽 세상에서는 모조리 찾아 누리시오. 영면하시오.

네가 먹은 붕어빵
개수를 알고 있다

"광주교도소 갔다 왔어."

"왜?"

"십 년 형을 언도받은 친구가 있어서 면회 갔다 왔어. 영치금 좀 넣어주고 왔는데, 정말 안되어 보이더라. 너도 알 거야. 왜, 옛날에 한동안 종범이하고 친했던, 좀 놀던 애. 너하고도 여러 번 술 마시고 했네. 소년원도 같이 갔었나? 아닌가?"

"아, 알겠다. 근데 왜 십 년씩이나 언도받았지?"

"몰라, 여자한테 그렇게 잘해줬는데 그렇게 됐어."

"뭔 일인데?"

"여자가 바람피운다고 때렸는데 그냥 죽어버린 모양이래."

사내 둘이 내 앞에서 어묵과 붕어빵을 먹고 있었다. 사십 대 중반쯤 되어 보이는 둘의 대화는 어두운 이야기 일색이었다. 불콰하게 술기 오른 사내는 푸석한 얼굴에 잔주름이 많았다. 바깥일을 오래 한 듯 기미도 많고, 창고에 오래 묵은 감자 같은 인상이었다. 그나마 곁의 친구는 살집이 좋은 얼굴에 안경을 썼는데, 얼굴에 윤기가 흘렀다. 사는 형편이 훨씬 나아 보였다.

자정이 지난 시각이어서 둘의 술자리는 파했고, 택시를 타기 전에 붕어빵 가게에 들른 것이었다. 조붓한 가게에는 우리 둘 말고도 두 팀이 더 있었는데, 도란도란, 이러쿵저러쿵 붕어빵과 어묵을 먹느라 모두 정신이 없었다.

나는 반죽 주전자를 들고 기울이기를 반복하고 있었다. 한편으로는 신산한 세월을 살아낸 생면부지 무명씨들의 허기를 달래줄 붕어를 부지런히 만들며 그들의 손을 거듭 확인했다. 붕어빵 기계 위 빵 거치대 오른쪽 세 줄에 놓인 붕어빵이 순식간에 사라지고 있었다.

둘이 해치운 붕어는 얼추 열다섯 마리가 넘어가고 있었다. 그들은 붕어빵 먹기 대회 속도전에 참가라도 한 듯 대가리가 먼저냐, 꼬리가 먼저냐를 가리지 않았다.

잡히는 대로 한두 번 우물거리다 꿀꺽 삼키면 붕어빵 한 마리가 증발하는 식이었다. 나는 긴장했다. 가끔 마주치는 유형의 손님이었다. 자신이 먹은 개수를 기억하지 못하는 단기 치매 환자들의 특징은 대식가라는 공통점이 있었다.

둘의 대화가 종착역에 다다를 때쯤 거치대 다섯 줄 우측 절반의 붕어들이 전멸했지만, 불을 올리고 또 다른 손님들의 요구를 감당하느라 나는 비었던 자리에 새로운 붕어들을 계속 올려놓았다.

그러니까 서로 어두운 이야기를 주고받던 그 둘은, 사라진 만큼 붕어빵이 바로 채워지니 자신들이 도대체 몇 개나 먹었는지 정확히 모른다고 발뺌할 수 있었다. 이윽고 여자를 때려죽인 친구를 면회 갔다 온 사내가 계산하려는 듯했다.

"얼마죠?"

"몇 개 드셨어요?"

"글쎄, 너 몇 개 먹었지?"

계산하려는 사내는 자신이 몇 개 먹었는지 정확히 모르니, 거의 비슷한 속도로 먹은 친구를 기준으로 삼으려는 속셈을 나는 뻔히 짐작하고 있었다. 다른 이들도 다 그랬으니까. 나는 뻔한 다음 수순 또한 알고 있었다.

"그러게, 한 다섯 개 먹었나?"

나는 그 말에 복장이 터지는 듯 울화가 치밀었다. 열두 개를 먹고서 다섯 개를 들먹인 것이다. 두 명이라서 다행이지, 일곱 명쯤 와서 다섯 개 이상씩 먹어 치우면 도저히 개수를 셀 엄두조차 나지 않았을 것이다. 나는 손님들의 의도치 않은 수법에 이골이 날 만큼 당해 왔기에, 지지 않았다.

"손님, 두 분이 드신 게 도합 스물세 개나 됩니다. 안경 쓰신 분은 짬짬이 어묵 다섯 개를 드셨고요."

둘은 깜짝 놀라며 그렇지 않다고 손사래를 쳤다. 많이 먹어봐야 붕어빵 일곱 개를 넘지 않았다고 닭발 오리발, 검정 발까지 내밀 기세였다.

'나는 여름에 당신들 같은 부류를 위해서 연상 기억법을 공부했어. 이 쌀알을 세어 먹을 사람들아, 대충 한두 개 차이도 아니고 원가에도 못 미치는 개수를 들이밀면 난 풀 뜯으며 살란 말이냐? 자, 낱낱이 너희 입이 저지른 만행을 뜯어봐줄 테니 잘 들어라.' 나는 마음속으로 그렇게 일갈하고 그들에게 웃는 낯으로 조근조근 말을 이어나갔다.

"저, 교도소 다녀오셨다는 손님께서 헛기침을 옆으로 하면서 빵을 집기 시작했습니다. 교도소 갔다 왔다 하면서 빵을 입으로 가져갔고, 옆 사람은 고개를 끄덕이며 식은 빵을 뒤늦게 집어 갔어요. 통째로 꼴깍 삼킨 게 한 마리였고, 그러고 나서 '왜'라고 짧게 말하며 두 번째 슈크림 붕어빵을 집어 갔어요. 교도소에 다녀온 요 사람은 그때까지 꼬리를 조금 남겨두고 있었고요. 교도소 갔다 온 사람이 종범이와 친했던 얘기를 할 때, 안경 쓴 사람이 정확히 세 개를 더 집어 먹었습니다."

나는 작심한 듯 스물세 마리, 내 금쪽같은 새끼들을 도매금으로 매기려는 그들의 나쁜 손을 일일이 증거해나갔다.

"어묵까지 합해서 1만 8천7백 원 되겠습니다."

교도소 갔다 온 사내가 나의 CCTV에 가까운 복원력에 혀를 내두르며 씁쓸하게 웃으며 한마디 했다.

"아저씨, 형사 했었어요? 그거 어떻게 다 기억합니까?"

나는 그들을 향해 말없이 안도의 미소로 답했다. 사실 나도 그들이 정확히 몇 개를 먹었는지 모른다. 사실을 고백하자면 붕어빵은 여섯 개 정도만 기억할 뿐이었다. 빵을 구운 지 햇수로 5년째지만, 부단히 노력해도 순간 기억의 한계는 거기까지였다. 그 이상은 대략 심정적으로 파악했다. 결국 오차는 기껏 한두 개였다. 그 오차로 내가 손해를 볼 수도 있고, 나쁜 손들이 피해를 볼 수도 있었다. 어차피 게임을 걸어온 건 손님들이었으므로, 별반 억울해하지 않았으면 좋겠다는 생각으로 대식가들과의 계산을 매조졌다.

2부

공구가 나를
길들인다

　　　　　　　　　　내게는 용도가 다른 전동 드라이버가 두 개 있다. 통로 벽에 붙일 공구함 선반을 만들 때 요긴하게 썼다. 작업하는 동안 원형톱의 필요성을 느꼈다. 손으로 나무를 밀고 당기는 게 손아귀도 아프고 지루해서 여러 번 쉬어가며 작업해야 했기 때문이었다. 원형톱도 유선이 아닌 무선으로 사는 게 좋을 것 같다는 생각이 들었다. 마음에 둔 제품이 있었다. 디월트 원형톱이었는데, 날을 교체하면 샌드위치 패널도 자를 수 있는 공구였다. 다만 철판을 재단하는 공구이다 보니, 쇠가 갈리는 소리는 귀에 치명적이어서 특별히 주의해야 했다. 철판이 잘리면서 튀는 철가루 역시 얼굴에 상처를 낼 수 있어 조심해야 했다.

　근 이십 년 전쯤이었다. 당시 우리 펜션 옆에는 장모가 농막 비슷한 집을 짓고 살고 있었다. 손기술이 좋았던 큰처남이 직접 지은 집이었다. 어느 날 큰처남이 그 집을 보수할 일이 생겨 샌드위치 패널 작업을 하게 되었고, 내게 와서 도와달라고 부탁했다. 그는 사다리를 타고 올라가 패널을 자르고 있었고, 나는 밑에서 양손으로 그것이 움직이지 않도록 붙잡고 있었다.

　내 정수리 위에서 '지이잉'거리는 금속성 굉음과 함께 철가루가 머리로 떨어지는 게 느껴졌다. 어느 정도 작업이 남았을까 생각하며 무심코 얼굴을 들었던 때였다. 별안간, 눈이 따끔했다. 본능적으로 눈을 비볐는데, 긴장한 탓인지 당시에는 별 이상을 느끼지 못했다.

그날 저녁부터 눈동자 안에 모래알 한 개가 뱅글뱅글 돌아다니는 느낌이 들었다. 그것을 빼내려고 수돗물을 틀어 눈자위를 여러 차례 씻어냈다. 아내에게도 티끌을 빼달라고 부탁했다. 갖은 노력을 다했지만, 모래알 같은 티끌은 요지부동이었다. 결국 서사라네 거리 모퉁이에 있는 동인 안과를 찾아갔다.

나는 눈을 들여다보는 장비 앞에 턱을 괸 채 앉았다. 의사가 내 눈꺼풀을 뒤집은 후 강한 빛을 쐬며 들여다보았다. 의사는 내 눈에 티끌은 없고, 대신 눈동자에 뭔가 박혀 있다고 말했다.

눈에 정체를 알 수 없는 액체를 넣은 다음, 가느다란 핀셋으로 철가루를 뽑아냈다. 의사가 눈동자를 몇 번 깜박여보라고 했다. '아, 이런 게 개안이라고 하는구나'라는 말이 절로 튀어나왔다.

의사는 내 아팠던 눈동자를 스캔해 저장했던 사진을 보여줬다. 눈동자에는 무언가 박혔다 나왔던 상처가 몇 군데 있었다. 그것은 내 몸의 또 다른 흉터였던 셈이다. 나는 기억하지 못하고 있었지만, 오래전부터 어떤 일로 여러 번 눈에 상처를 냈던 것이었다. 즉, 세상을 바라보며 살아온 내 눈은 자신도 모르는 사이 여러 차례 앓고 낫기를 반복했던 것이다.

이처럼 여전히 내 몸 곳곳에는 정강이가 낫에 찍히고, 검지가 칼에 베이고, 새총 싸움으로 측두부에 흉터가 지는 등의 상처가 남아 있다. 나는 가끔 그 상처들을 보며 철 지난 일기장을 읽듯이 그날의 사건을 복기하곤 했다.

하지만 내 동공의 상처는 눈으로 들여다볼 수 없으니, 어떤 이유로 눈에 흉터가 생겼는지 그 과정을 알 수가 없었다. 그것은 영원히 알 수 없는 비밀 지도와 같았다. 안과 의사의 말을 들은 이후로는 철판이나 각관 등을 자를 때마다 불쑥불쑥 그때의 기억이 되살아나곤 했다. 반드시 안면 보호대를 착용하여 얼굴로 날아드는 철판 파편을 막아야 한다는 것을 늘 깨닫게 되었다.

몸이 이미 길을 개척해놓았기에 큰 사고가 일어나지는 않지만, 조심해서 나쁠 건 없다. 아니, 이것이야말로 공구가 주인을 길들이는 과정일 수도 있겠다는 생각이 들곤 했다.

벚꽃축제

사람의 신명나는 감정은 꽃이 피어나는 모습과 닮았다. 아지랑이가 가물거릴 때, 겨우내 움츠렸던 온몸의 세포들이 꿈틀거리며 햇살을 향해 기지개를 켜듯, 발산하고 싶은 욕구는 생명을 가진 존재라면 자연스러운 이치일 것이다. 우리 일상이 날마다 축제일 수는 없지만, 그처럼 생활을 즐겁게 만들어갈 수는 있겠다고 곱씹어 생각했던 적이 많았다.

전농로 벚꽃축제 때, 아는 가게 모퉁이에 자리를 얻어 단밤과 엿을 팔았던 적이 있었다. 당초에는 단밤과 군고구마를 팔 생각이었다. 내게 자신이 운영하는 가게 옆에서 장사하라고 권유했던 아주머니는, 내가 생고구마를 떼 오던 거래처였다. 평소 친분이 있었기에 나는 자리 잡기 어려운 곳에서 장사할 수 있었다.

내가 고구마를 구우면 그 냄새 덕분에 자신이 파는 생고구마도 홍보되리라고 여겼던 것 같다. 생각해보니 밑질 것도 없는 괜찮은 제안이어서 나는 흔쾌히 수락했다. 나는 다른 속셈을 가지고 있었다. 나는 작년부터 엿을 팔고 싶었다.

늘 해보지 못한 일에 대한 갈망은 호기심에서 비롯된다. 기실 엿이란 품목도 길거리 장사를 하면서 탑차에서 국화빵을 구워 팔던 털보 아저씨의 귀띔에서 비롯됐다. 몇 달 전 추위가 한창 기승을 부리고 있을 때, 내가 장사하는 곳으로 찾아온 이가 있었다. 짙은 갈색 카우보이모자를 쓰고 손가락 한 마디는 족히 돼 보이는 구레나룻과 턱수염이 인상적인 아저씨였다.

그는 내게서 단밤 한 봉지를 사 갔는데, 실은 자신도 노점상을 하고 있다며 말문을 연 것이 인연이 됐다. 동장군이 물러가고 연일 기온이 상승했어도 털보는 여전히 국화빵을 찍어냈고, 나는 젓가락으로 김을 내뿜는 고구마를 찔러보며 5월을 코앞에 두기 전까지 장사했다.

벚나무 잎이 연두색에서 짙은 녹색으로 탈바꿈할 즈음이었다. 어느 날 나는 장사를 끝내고 퇴근길에 털보네 탑차에 들렀다. 나는 국화빵 한 봉짓값을 그에게 건네고 장사 품목에 관해 이런저런 이야기를 나누던 중이었다.

털보가 문득 엿을 같이 팔고 싶다는 얘기를 무심결에 내뱉었는데, 나는 순간 바로 이거다 싶었다. 명쾌하게 내 머리를 꽝 하고 두드릴 때는 무조건 해봐야 한다. 집으로 돌아와 나는 엿을 팔기 위해 뭘 어떻게 해야 할지 고민하며 인터넷으로 정보를 찾았다.

혹자가 정색하며 엿을 파는 데 필요한 조건 어쩌고 운운하면, 나는 그 깜냥에 한참 미치지 못했다. 엿장수 가위를 버리고 각설이 타령을 생략하고 흰 무명옷 대신 허름한 작업복을 입으면 어떠랴 싶었다. 기본적인 요건만 갖추고 장사해도 통할 것 같았다. 탁자, 엿판, 끌과 엿가위, 현수막이면 충분했다.

엿도 여러 경로를 통해 거래처를 알아두었다. 접이식 탁자를 G

마켓을 통해 주문했고, 현수막은 사업하는 지인의 거래처에 맡겼다. '민속엿'이라고 큰 글씨를 넣고 중국말도 덧붙였다. 문구도 간단명료하게 대구(對句) 식으로 집어넣었다. 치아에 달라붙지 않는 엿, 추억에 달라붙는 엿. K 화백이 그려 준 캐리커처도 넣었다. 눈초리가 날카롭고 인상이 잽싸 보여서 마음에 들었다.

준비가 다 되고 나서 엿판을 불렀지만, 문제는 내가 영업을 나가지 않은 데 있었다. 준비하는 데 진을 다 빼버렸는지 도무지 흥이 나지 않았다. 갑작스럽게 조울증을 앓는 사람처럼 무기력해졌다. 6월 초까지는 엿을 팔 수 있었으나, 그 이후는 엿이 녹아내리고 눌어붙어서 사실상 적기가 지난 셈이었다.

내게 엿을 팔 수 있는 시간은 불과 한 달이었는데 금세 지나가버렸으니 엿을 폐기 처분해야 할 위기에 놓였다. 그즈음 나는 갑자기 옆구리 살이 붙고 볼때기가 도드라졌다. 유년 시절 단것에 대한 갈망을 한꺼번에 해소하려는 무의식적인 욕구는 실종된 결단력을 조소하면서 수시로 엿을 망치질하여 잘라 먹게 만들었다.

큰 방에 탁자를 펴고 현수막을 붙이고 엿판 위에 판엿을 깔았다. 삼시세끼를 먹고 나서 엿을 잘라 입에 털어 넣고 질겅거리며 "이러려고 엿 산 건 아닌데" 하며 자조 섞인 말을 뇌까리면서 달달한 엿국물을 목구멍으로 흘렸다.

술 마시고 들어온 늦은 밤에도, 눈 비비고 깨자마자 정신이 들면 엿을 잘랐고 지인들을 만나러 갈 때도 엿에 슬쩍슬쩍 콩고물을 묻혀 종이에 싸서 호주머니에 넣고 나갔다. 무엇이든 시기를 놓치고 나면 흥미를 잃는 법이라는 것을 몸소 깨달았다.

팔지 못한 엿은 목구멍에 걸린 삭지 못한 자리돔 가시처럼 의식 속에 남았다. 때마다 어머니에게 타박 아닌 타박을 들어야 했다. 어머니는 다른 말끝에 늘 "엿도 가저강 확 폴아불라."라며 아들을 채근했다.

엿 한 박스에는 가로세로 한 자 남짓한 판엿 네 개가 들어 있었다. 처음 주문했던 엿 박스에서 한 개는 먹어 치웠고 나머지는 김치냉장고에 보관했다. 냉장고가 비좁아 박스째 비스듬히 넣었는데, 이것이 문제가 되었다. 엿판은 무거운 하중 때문에 엿이 비스듬히 밀렸다. 영하 1도의 온도에서는 밀리는 엿의 하중을 감당하지 못했다.

유럽 알프스산맥의 빙하가 녹아 흘러내리듯 엿은 조금씩 녹아가면서 바닥 쪽으로 누런 액체를 흘렸다. 한여름에 그 모양새를 접하고 버리기는 아까워, 이번에는 반대편으로 엿을 비스듬하게 세웠다. 제 모양을 회복하리라 믿었기 때문이다.

그 후로는 그것을 들여다볼 시간을 놓쳐버렸다. 김치냉장고는 단밤을 저장할 요량으로 그해 봄에 알뜰매장에서 20만 원을 주고 산 것인데 칸이 두 개였다. 나는 엿 상자가 들었던 칸은 아예 열어 보지 않고 남는 칸은 마시다 남은 막걸리를 두거나 어머니가 가끔 야채를 넣어두는 공간으로 활용했다.

어느 날 집 안 대청소를 하다가 봉인해뒀던 불편한 채무각서를 해제하듯 엿 국물에 난장판이 된 상자를 꺼내 냉장고 안 바닥을 청소했다. 욱하는 심정으로 끈적거리는 엿 상자를 벗겨 비닐에 싸인 엿 세 덩이를 개미 새끼들이라도 빨아먹으라며 무화과나무 아래에 내동댕이쳤다.

얼치기 엿장수의 마수걸이가 참혹하게 끝나는 순간이었다. 엿 끝로 눌어붙은 누런 엿 국물을 긁어내리려고 쓰게 될 줄이야 누가 알았으랴. 미간에 '내 천 자' 주름을 세운 채, 누구에게랄 것도 없이 애타는 중얼거림을 내뱉으며 엿물을 한참 긁어 화장지에 비벼 버렸다.

얼룩덜룩한 김치냉장고 바닥은 뜨거운 물에 적신 수건으로 깨끗이 닦아냈다. 내친김에 옆 칸도 정리했다. 어머니의 주의력이 덜 미친 탓이었을까. 다 시든 양배추 두어 개를 담은 비닐봉지와 주눅 든 듯한 푸성귀가 순장된 듯 담겨 있었다. 꽤나 오래되었다 싶었다. 나는 그것을 블록담 가에 털어 버리고, 수돗가에서 무언가를 씻고 있는 어머니에게 볼멘소리로 이렇게 말했다.

"어멍, 나 이제부터 장사할 거난 김치냉장고에 무싱거 놓지 맙서."

어머니는 나와 대여섯 발자국 거리에서 "기여." 하고 응답하는 소리를 길게 하곤 등 돌려 앉은 채 제 할 일을 했다.

프로스트의 명시 「가지 않은 길」이라는 시가 있다. 양 갈래 길을 두고 가보지 않은 길에 대한 호기심은 인간의 자연스러운 본능이다. 장황하게 철학적인 수사를 늘어놓을 겨를도 없이, 그 길을 걷자마자 찬양 일색으로 쌍수를 드는 사람이 있는 반면, 노골적으로 기운을 낭비한다는 보수적인 계층도 있다.

사람살이는 자기가 태어난 대로 산다고 단정할 순 없지만, 정답은 늘 양면이고 한 가지를 강요하는 건 우리의 숙명이자 딜레마일 것이다. 어떤 귀결을 바라는 패턴은 어쩔 수 없는 길이다. 가끔은 내 안의 과한 호기심 때문에 수습하지 못했던 시절이 있었다.

   어떤 오점의 이력을 다 밝힐 수는 없지만, 사실 지금 생각해보면 잘 놀았다고 긍정하고 싶다. 심각하게 여길 것 없이, 나는 이런 낙관을 축제로 여긴다.

악덕 업자

"저는 볶음밥 곱빼기 먹쿠다."
"예. 경헙서, 여기 목수분은 뭘로 허쿠과?"
"저는, 음, 음……."
"아니, 괜찮수다. 먹고픈 대로 고릅써."
"짜장 곱빼기마씀."

친구가 맡아서 인테리어 시공하는 현장에서 청소 아저씨와 젊은 목수, 그리고 나, 이렇게 셋이 반점에서 점심을 먹게 되었다. 친구는 속칭 오야지인데, 업자 섭외와 자재 수급으로 바빠 현장에 없었다. 그러다 밥때가 되어 내게 전화가 온 것이다.

"야, 나 지금 막 바빠부난. 너가 인부들 중국집 데려강 점심 멕이곡 영수증 청구허라이!"
"어, 알았쪄! 근데 곱배기 시켜도 되어?"
"어게, 먹고픈 거 다 시켱 먹어도 되어."

친구는 맘 좋은 척하지만, 예전에 나 혼자 점심을 먹어야 했을 때, 식사 후 영수증을 보여주자 유난히 닭다리 스테이크 정식 메뉴를 뚫어져라 쳐다보던 눈길이 떠올랐다. 그때 나는 보이지 않는 어떤 금액 기준을 의식했다.

세 사람이 주문한 음식은 더디게 나오고, 먼저 나온 밑반찬만

동나는 상황이 벌어졌다. 청소업자는 오십 대 중반은 넘어 보였는데, 쉴 새 없이 젓가락질하며 단무지를 비우고 양파 조각도 거의 다 먹어갈 때쯤 음식이 나왔다. 청소업자는 어제 내가 퇴근할 무렵 나타나 한 시간 넘게 나를 고생시킨 장본인이었다. 그는 시공업체에서 나온 쓰레기들을 1톤 트럭에 실어 봉개 쓰레기처리장에 갖다 버리는 일로 먹고 사는 사람이었다.

나는 어제 한 시간 넘게 부대에 담아 창고에 넣은 쓰레기와 작업장 쓰레기를 그와 함께 모두 버렸다. 청소업자는 어제 쓰레기를 다 처리했는데도 시공자가 할 일이 남았다며 오늘 다시 부른 것이었다.

젊은 목수는 점잖게 앉아 있었고, 청소업자는 불안한 듯 눈알을 희번득이며 뭔가를 찾는 듯했다. 술 마시는 사람의 감이란 게 있다. 내가 카운터를 향해 막걸리를 주문하려는데, 막걸리라는 말이 채 끝나기도 전에 주인이 움직였다. 이런 일에 이골이 난 듯, 주인은 막걸리 한 병을 사다 줬다. 사실 청소업자는 반점에 오기 전부터 자신이 하는 일에 대해 내게 계속 이야기하고 있었다. 말이 좀 많은 듯했지만 눈빛도 순해 보이고 성실한 것 같아서 나도 내심 청소업자가 궁금했다.

그는 몹시 다변스러웠다. 그는 자기 일이 만만한 일이 아니라는 점을 시종 강조했고, 중요한 사건에 방점을 찍었으며, 지난 17년간 청소업에서 겪었던 핵심적인 내용을 간결하게 구두로 보고하고 있었다.

청소업자의 말에 따르면, 청소업도 초보자는 견디기 힘들다고 한다. 그가 이 업계에 발을 들였을 때는 동종 업자가 기껏해야 백 명 수준이었지만, 지금은 천 명이 넘는다고 한다. 현재 배출되는 건설 쓰레기는 그 종류가 수천 가지에 달한다. 매일 공부하지 않으면 시장에서 도태될 수 있다. 무엇보다 중요한 것은 임기응변이다. 쓰레기장에 들어갈 때는 "녜, 녜" 하며 굽실거리고, 나올 때는 "쇠새끼, 개새끼"라며 나름대로 쌓였던 감정을 해소하며 정문을 통과한다고 했다.

청소업자는 막걸리 두 잔째를 꿀꺽거리며 비운 후, 갑자기 내게 이런 말을 건넸다.

"이 세계도 정말 추접허고 더러운 업자들도 있수다."

그는 막걸리가 묻은 아랫입술을 내린 채 고개를 절레절레 흔들었다. 나는 쓰레기를 치워주는 대가로 돈을 받으면 그만이지 그게 또 뭔 말인가 하고 궁금했다.

"아니, 그건 또 무신 말이과?"

"쓰레기 한 차에 25만 원 하는디, 꼭 다 안 버리고 다섯 부대 정도를 냉겨둡니다. 무사 경허는지 압니까?"

"나야 모릅주마씀. 그럼 돈 더 드는 거 아닌가? 한 번에 다 버려야 좋을 거 같은데?"

"일을 하다 보면 한 번에 다 처리를 했는데도 뒷날 남는 거는 그냥 서비스로 보통 해드립니다. 뭐, 그렇지 않은 경우라도 한 부대 보통 4천 원 비용으로 계산하는데 업자들이 윗호주머니에 돈 이시멍도 안 줘마씀. 따로 송금해주겠다고. 그런데 이때에 버리면 비용 많이 나오는 최신 쓰레기를 줘마씀."

나는 얼른 이해하기 힘들었다. 뭐랄까, 거래 관계를 유지하는 데 갑의 위치에서 어떤 영향력을 계속 발휘하기 위한 끈을 이어가는 정도로 이해했다.

"이 업자들이 여러 현장에서 나오는 많지 않은 쓰레기들을 가져가라고 하면서 연락 오는데, 심부름을 시킵니다. 올 때 약 사오라. 시멘트 모래 사다 달라. 못 허쿠다 허영 거래를 끊어불젠 해도 소문 나카부댄 허영 경 못해마씀."

나는 듣고 있자니 내 일처럼 열불이 솟구쳤다. 거래 질긴 놈들은 언제나 있고, 그들의 변명도 세상 사람 숫자만큼이나 다양했다. 청소업자는 마지막 남은 막걸리 잔을 비웠다. 그때까지 우리는 배추김치와 단무지 접시를 서너 번 비웠다.

점심 넘어서 조명 가게에 갔던 친구가 돌아왔다. 친구는 화장실 근처에 있던 쓰레기를 치워달라고 했고, 예전 문짝과 새로 나온 합판 쪼가리까지 치우라고 했다. 양이 꽤 많았다. 문짝은 어제 내가 청소업자와 쓰레기를 치울 때 버려도 되느냐고 물었던 것이다. 친구는 분명 버리면 안 된다고 나에게 말했다. 1톤 차에 청소업자가 다 싣자 친구는 온라인으로 송금해준다고 말했다. 그러고 나서 두 시간 뒤에 청소업자에게 다시 전화했다. 실어 가야 할 게 더 남았다고.

친구는 현장으로 올 때 홍도건재에 들러서 이러이러한 거 사다 달라고 부탁하고 있었다. 친구는 자재를 파는 업체에서 물건 양이 적어 배달이 안 된다고 해명했고, 청소업자는 난색을 표명하는 듯했다.

청소업자가 다시 2층 현장 문을 밀치고 들어온 것은 그로부터 30분이 지난 후였다. 그는 친구와 나의 눈길을 무시한 채 가져가야 할 물건을 쿵쾅거리는 소음을 내며 함부로 다뤘다. 그 물건 중에는 살살 다뤄야 할 원목 합판도 있었다.

노변잡설

　　　　　　　　　그해 12월 중순부터 후배의 제안으로 군고구마를 팔기 시작했다. 나는 어떤 일이라도 해낼 수 있다는 것을 스스로에게 시험해보고 싶었다. 사실 두려움이 없었다면 거짓말이었을 것이다. 나를 함부로 대하면 어쩌나, 내 아들과 딸이 "우리 아빠 다 됐네."라고 이야기하지는 않을까 하는 여러 우려가 없지 않았다. 특히 낯모르는 이들을 상대하는 것에 대해 내색은 안 했지만 약간 걱정이 앞섰던 것은 사실이었다.

　실행 전의 모든 걱정은 기우였다. 지금껏 행인 중에서 나를 드러내놓고 무시하거나 함부로 대하는 사람은 없었다. 기껏 장사에 문제를 일으키는 건 인사불성의 취객 정도였다.

　오후 다섯 시에 현장으로 나가 승용차에 싣고 온 군고구마 통과 가스통, 그 밖에 자질구레한 잡동사니들을 내린 후, 타고 온 차를 근처에 주차했다. 신제주 바오젠거리 일대의 주차난은 심각했다. 어떤 날은 차를 세우려고 구 KBS 근처까지 가서 주차하고 온 일도 많았다.

　나는 사거리 동북 방향 신호등 바로 뒤에서 가스를 틀고 고구마를 구웠기에 차도에서는 눈에 잘 띄지 않았다. 나를 찾아오는 지인들은 차 안에서 나를 볼 수 있을 거라 생각하며 기웃거리다가 그냥 지나치는 경우가 많았다. 그들은 반드시 전화를 두세 번 이상 해야 하는 낭패를 겪어야 했다.

내 파트너 후배가 장사하고 있을 때 나 역시 그를 찾으려고 수십 분 이상을 헤매야 했다. 홍 시인도 나를 찾아올 때 마찬가지였다. 그렇게 차 안에서는 나를 찾을 수 없다고 일렀는데도 내 지인들은 말을 듣지 않았다. 이는 노점 자리가 잘 드러나지 않는다는 것을 설명하기 위한 예시이다.

처음 내 파트너가 장사하는 곳을 찾아갔을 때 나는 완전히 실망했다. 노점이라고 하면 번듯하지는 않더라도 그럴듯한 분위기를 기대하기 마련이다. 작은 군고구마 무쇠 통과 20kg짜리 가스통, 고구마 10kg짜리 서너 박스가 전부였다.

나중에야 알게 된 사실이지만, 단출하고 별다른 특징이 없었기에 그 자리가 명당임을 알 수 있었다. 일단 공무원의 노점 단속에 쉽게 눈에 띄지 않았고, 통행하는 사람들은 한국인이든 중국인이든 상관없이 많았다. 신호등을 기다리는 사람들이 그 시간 동안 고구마 굽는 냄새를 맡으며 구매 욕구를 느낄 수 있다는 점도 큰 장점이었다. 실제로 후배는 그런 방식으로 꽤 많은 매출을 올리고 있었다.

손님들이 고구마를 살 때는 그 성격이 고스란히 드러났다. 손님

값을 물을 때도 비슷한 듯했지만 모두 달랐다. 고구마 통 위에 올려놓은 익지 않은 고구마를 가리키며 "이거 얼마예요?" 하고 묻는가 하면 "고구마를 어떻게 팔아요?" 하고 묻기도 했다. 단도직입적으로 눈에 보이는 상품을 구매하겠다는 의도가 있고, 어떤 방식으로 판매하는지 일단 들어보고 사겠다는 사람도 있었다.

나는 손님의 질문이 어떠하든 간에 무조건 "한 봉지에 오천 원입니다."라고 말했다. 그다음 수순으로 나오는 말은 "대여섯 개 들어갑니다. 먹을 만합니다."라고 답했다. '오천 원'이라는 판매자의 말을 듣고는 대부분 "몇 개 들어가요?"라고 물었다.

손님들은 고구마 10kg 한 박스가 얼마인지 모른다. 고구마 가격을 정확히 알 필요도 없고, 판매자가 구워서 얼마의 이윤을 남기는 것도 신경 쓰지 않았다. 다만 손님들은 단기 목적지를 향해 어딘가로 가는데, 그랜드 사거리 신호등에서 멈춰 섰고 그때 고구마 굽는 냄새를 맡고 갑자기 참을 수 없는 식욕이 돌아 그 본능에 이끌려 나를 찾아온 것이었다.

오천 원을 지불하고 자기 뱃속의 행복감을 만족하며 다시 어딘가로 가벼운 발걸음을 옮길 수 있다면 좋을 일이다. 이럴 때 우리나라 사람들은 칠팔 할 정도가 샀다. 그중 다시 삼 할 정도는 이삼천 원어치를 요구하는 사람이 있었다. 딱 자기가 필요한 만큼만 먹겠다는 의미였다.

판매자도 나름의 요령을 터득했다. 삼 할의 손님 중에는 판매자의 푸념과 권유를 못 이겨 오천 원어치를 사 가는 사람도 있었다. 한 봉지를 오천 원에 팔아야 속이 쾌변을 본 것처럼 시원했다. 우리나라 사람들은 대개 그렇다. 그에 반해 중국인들은 고구마를 그저 입가심하는 것 이상의 의미로 생각하지 않았다. 단 한 개를 사기 위해 서너 명이 지나가다 멍하니 나를 바라볼 때는 난감했다.

처음에는 '이런 손님 저런 손님들이 있겠거니' 했는데, 대륙의 민족성이 그런 건지, 아니면 누구나 외국에 나가면 맛만 보는 수준으로 길거리 음식을 접해보는 본능이 있는 건지 알 수는 없었다.

가끔 이것저것 눌러보고 인상을 찌푸리며 자기들끼리 시끄럽게 대화를 나누는 부류도 있었다. '이 자식들 봐라. 내가 중국말을 모른다고 자기들끼리 날 희롱해?' 나는 단박에 그들이 군고구마를 살 의도가 없는 걸 알아챘다. 짜증 유발 손님도 꼬이기 마련이었다. 그때 판매자가 말하는 가격에는 한국말을 덧붙여 어미를 처리한다. "이거 이첸입니다. 진상님."

흔히 중국인이라고 하면 내가 막연히 생각하는 얼굴들이 있었다. 영화나 언론 매체에서 나오는 그들의 얼굴을 계속 보다 보니 어느새 이미지로 추상화된 전형이라고 보면 되겠다. 얼굴형은 그렇다 쳐도, 눈은 툭 튀어나온 듯하고 치아는 뒤틀린 경우가 많으며, 말투는 시끄러울 정도로 번잡했다. 그러나 그녀들의 얼굴은 내가 생각하는 것 이상으로 다양했다.

노점상을 하면서 나는 중국인들의 얼굴 이미지를 크게 수정해야 했다. 미술 시간에 어떤 물체를 그리다가 완성되기 직전에 지우

개로 거의 지우고 새롭게 그리는 격이라 할 수 있을 것이다. 도올은 과거 자신의 어느 저서에서 중국을 블랙홀로 비유했다. 정확히 어떤 저서였는지는 기억나지 않는다. 나는 도올만큼 중국 대륙을 잘 표현한 경우가 없다고 생각했다. 무협지에 강호와 더불어 자주 나오는 중국은 중국 문명의 핵심이었다. 어떤 민족이든 한때 중국 대륙을 다스린 적은 있지만, 종내에는 중국 문화 속에 녹아들었을 뿐 극복하지 못했다. 중국 내 56개 민족이 모두 그렇다.

고대 국가에서 최근 청나라까지 수많은 민족들이 중국 대륙을 희롱해왔지만, 모두 그 속에 동화돼버렸다. 청나라를 세운 만주족의 말은 지금 거의 사장되지 않았는가? 그들의 선조들이 자신들을 지키려고 그토록 경계했는데도 말이다.

나는 노점상을 하면서 한 달여 동안 우리나라 사람보다 그들을 더 많이 보았다. 그들의 얼굴에는 중국 문화가 있었다. 내 이미지 속에 갖고 있던 중국인의 얼굴은 극히 일부였음을 인정해야겠다. 남방계, 북방계, 흉노계, 투르크계 할 것 없이 정말 다양했다. 특히 동북부 극동 지역에 사는 사람들은 우리와 비슷한 것은 물론, 그 모든 얼굴에 흘러가는 기운은 중국 문화였다. 중원 땅에 들어가기만 하면 용해되어버리는 거대한 문화 용광로 말이다.

바오젠 거리 쪽에서 예닐곱 명이 쇼핑백을 들고 이쪽으로 오는 모습을 보면 비슷한 듯하지만 다 달라 보인다. 처음 장사할 때는 보지 못했던 차이점이다.

어떤 기운이라는 게 있다. 삼라만상이 조화를 이루며 번성하는 것도 기운으로 설명할 수 있지 않을까? 철학적으로 풀이하면 만물은 하늘과 땅 사이에 가득 차서 나고 자라는 힘의 근원이라고 한다. 노점을 하면서 나는 확실히 그 영향을 많이 받았다. 주말, 그러니까 불금이 낀 금요일부터 주말로 진입하는 시기가 장사가 잘되는 날도 있지만 그렇지 않은 날도 있고, 오히려 장사가 안되는 화요일, 수요일이 잘될 때도 있었다.

그런 날이면 내 앞으로 뭉실뭉실 좋은 기운이 흘러가는 것을 느끼곤 했다. 가령 좌판을 벌리려고 물건들을 정리할 때 등 뒤에서 작은 목소리로 "군고구마 있나요?" 하는 말을 듣는 순간 '아, 오늘은 잘되겠구나.' 하며 직감적으로 느낀다. 한 봉지를 팔고 거스름돈을 주려고 장갑 낀 손으로 지폐를 꺼내 오천 원권을 찾아 건네주려다 지폐가 떨어졌을 때도 그렇다. '아, 오늘은 정신없겠구나.' 그런 날은 필경 바빴다.

도대체 이런 기운은 어디에서 생성되고 어떻게 소멸될까? 세상사 윤회는 사람들이 믿거나 말거나 내가 알 바는 아니지만, 장사를 하면서 자신을 감싸는 어떤 에너지 흐름이 작용한다는 것은 대부분 믿고 있다. 당사자들이 살아오면서 맞닥뜨리고 겪어봤기 때문이었다.

어찌 장사만 그러할까. 연애, 사업, 공부, 집안일, 인간관계 등 헤아릴 수 없이 많은 일에 기운은 확실히 우리 주변에서 사물과 인간의 흥망성쇠를 관장하고 있다. 그렇다면 좋은 기운을 늘 의도적으로 불러와서 자신의 발전 기반으로 삼으면 안 될까? 굳이 긍정의

법칙을 운운하며 값싼 처세술의 원리로 삼지 않더라도 말이다.

안 될 리야 없겠지. 혹자는 이렇게 말할 것이다. 실제 세상에서 그런 식으로 사는 인간들도 있을 것 같다. 자기들만 아는 노하우를 공개하지 않고 영원히 대를 이어가며 생각대로 잘 살고 있다고 해도 누가 그다지 관심을 두겠나. 그냥 모른 척 자기 일상사에 열중하는 것이다.

나는 그런 것에 관심을 기울이기보다는 괜찮은 기운이 내게 올 때 맘껏 향유하는 것만큼 인간적인 일이 있을까 싶다. 범인이 기대할 몫은 그저 손에 닿을 수 있는 것들을 즐기는 일이다. 탐할 수 있는 것 또한 주제에서 벗어나면 부정한 기운이 오는 것이다.

오늘, 흥겨운 기운에 힘입어 열심히 고구마를 굽고 있는데 단골 한 명이 지나가며 넌지시 이런 말을 했다. "설익은 거 팔지 말아." 내가 있는 곳 2층 건물의 노래 주점 여사장이다. 그제 그 집 주인이 고구마 세 봉지를 사 간 적이 있었다. 각각의 봉지는 세입자들에게 갔다. 내 다급한 마음에 욕심을 부렸더니, 그 기운이 그녀의 가슴을 옹골차게 했다. 내 삶의 태도가 정직하지 못해서 벌어진 일이었다. 나는 좋은 기운을 불러오려면 원칙이 뒤바뀌는 역전 현상이 벌어져서는 안 된다는 것을 다시 한번 깨달았다.

신의 마법이
풀리는 순간

"이런 환장하고 미칠 노릇이 있나!"

올해 초봄까지 붕어빵을 만들 때마다 연기를 밖으로 내보내던 환풍기를 떼어냈다. 시즌 마감 후 곧바로 정리했어야 할 일을 붕어빵 개시를 목전에 두고 청소했다. 기름때가 눅진하여 PB액을 듬뿍 분사하니 시커멓게 눌러앉았던 때가 밑으로 흘러내렸다.

여기까지는 청소의 일반적인 상황이니, 길게 사설을 늘어놓을 건 아니었다. 다음 차례로 날개를 닦아내려 하자 철망이 자꾸 거치적거렸다. 전동 드라이버로 네 귀퉁이 나사를 떼어내자 은연중에 불안감이 스쳐 지나갔다. 마치 그 불안을 예견이라도 한 듯 말끔히 날개를 닦아 세척하고 나서 재조립하는데 나사 한 개가 사라졌다.

온 동네가 떠나갈 듯 마음이 소란스러워진다. 주차장 한쪽 구석, 작업한 곳을 중심으로 샅샅이 톺아봤다. 나사를 놓았던 자리를 중심으로 한 걸음 정도 반원을 테두리 삼아 분실물을 찾기 시작했다. 블록 담을 뚫고 팔뚝 길이로 솟아오른 그림자를 만드는 예덕나무를 꺾었고, 시멘트 바닥 틈새에 심드렁히 자란 잡풀 몇 개를 뽑았으나 오리무중이었다.

생각건대, 다소 파격적인 적개심 때문에 나사가 마치 "나 찾아봐라" 하는 듯 장난을 거는 듯했다. 장난 끝에 영원히 미궁으로 빠져버린 여러 물건들이 우리 일상에서는 흔했다.

둥근 형태의 사물은 유연해서 우리 손에서 벗어나기 쉽다. 마음의 각이 닳아 맨들맨들한 성격을 가진 이들도 버드나무 같아서 쉽게 어딘가를 물고 놓지 않거나 상처 주는 일이 잘 없다. 둥글게 둥글게 시계방향으로 돌아가는 나사는 앞서 말한 성질을 지니고 있어, 날카로운 마음결로 감시하지 않는 한 신께서 숨겨놓았던 마법의 한 구절이 풀릴 것이다.

"너, 좀 사라져서 저, 인간 물 멕여라."

일 끝을 매조지 못하는 손끝을 탓하랴. 그보다는 신이 숨겨놓은 마법이 풀리는 순간을 탓하랴. 나는 후자를 탓하련다. 아주 오래전에 들은 우스개 일화가 생각났다. 미국이 한국에 퇴역하는 고물 잠수함을 한 척 줬다. 잠수함 내부는 여러 가지 고쳐야 할 세목이 있었던 것 같다. 한국 기술자들은 그 배를 잠항시켜 태평양을 건넜다. 그 잠수함에 탔던 전원은 목숨을 걸고 공동운명체 정신으로 수리했다. 우여곡절 끝에 한국 모 기지로 돌아왔지만, 나사가 하나 모자랐다는 이야기가 회자된다.

나사 하나 없는 유명한 한국 최초의 잠수함은 그렇게 탄생했다. 당시 율 브리너가 대머리가 된 이유도 한국 이발소에서 영어를 잘못 알아들은 이발소 조수가 뜨거운 물을 부었기 때문이라는 터무니없는 말을 믿던 시대였으므로, 잠수함 일화 역시 검증이 필요하겠다.

그 시절, 이성의 불량한 세계를 공부하던 학생들은 이런 말들을 듣거나 내뱉고 다녔다. 독일 놈들은 나사 하나 없이 조립하고, 한국 놈들은 늘 하나가 모자라며, 일본 놈들은 하나가 오히려 남는다는 식의 말을 심심파적으로 주고받았다.

어쨌든 신은 글쓴이에게 아직 관심이 많은 모양이었다. 마법에 걸린 나사 하나를 늘 보내주셔서. 오늘 밤은 마법에 걸린 나사들이 시계방향으로 자전하는 밤하늘의 나사가 냈던 길을 뒤따라가볼까나.

칼끝
사랑

　　　　　　　명륜당 앞에 피어 있는 열세 송이 매화에 칼을 댔다. 전부 꽃술이 보이는 것들만 골랐다. 명륜당 현판이 걸린 본채를 중심으로 좌측에 좌정한 기와지붕에 45도 각도로 '효정'이라는 한자를 쓰고, 이어서 영문 'LOVE'를 붉은색으로 썼는데 색이 좀 바랬다. 글씨는 달리는 차 안에서 쓴 것처럼 미세한 지진 파동을 감지하듯 흔들렸다. 수전증이 있는 사람일지 모른다. 나는 골똘히 '효정 LOVE'라고 쓰여 있는 천 원짜리 지폐를 들여다보았다.

　대개 LOVE라고 쓸 때 알파벳 O를 하트 모양으로 바꿔 쓰고 관통한 화살표가 있는 법인데, 이건 단검을 꿰뚫어놓았다. 단검 칼자루는 다이아몬드 세 개가 박혔고, 심장을 관통한 칼끝에는 핏물 한 방울이 맺혀 있다. 이삼일 전에도 이 지폐가 내 호주머니로 들어왔다. 누가 건넨 것인지도 모르겠다. 이런저런 손님들이 바쁘게 드나들고 나면 장사가 좀 된다 싶은 날에는 천 원짜리 지폐가 수북이 쌓여 낙서의 주인공을 알아볼 도리가 없었다.

　달포 전에도 '효정 LOVE'라는 낙서를 봤고, 그 이전에도 본 듯한 데자뷰를 느꼈다. 나는 장사를 하다가 틈이 생기면 천 원권과 만 원권을 정리하곤 하는데, 전화번호나 이름, 혹은 주소 등이 쓰여 있는 지폐를 간혹 보곤 했지만, 심장을 관통한 단검 낙서는 왠지 섬뜩했다.

이 낙서를 지폐에 새긴 자는 분명 외골수의 성향이 짙은 사내일 것이다. 효정이라는 여자를 좋아한다면서 심장을 찔러 넣은 단검을 도대체 어떻게 해석해야 할지 불가해한 감정이 들었다. 효정이라는 여자가 왠지 모르게 불쌍했다. 남자의 맹목적인 사랑이 무서웠고, 제 연인의 심장에 칼을 쑤셔 넣는 비유를 서슴없이 하는 그 맹렬한 정서를 해석하고 싶은 생각은 전혀 없었다. 이 지폐를 나는 두 번째로 우연히 보고 있다.

나를 거쳐 간 천 원권 지폐는 내가 자주 들르는 근처 식당이나 술집, 마트 외에는 없을 것 같은데, 그게 다시 내 손으로 들어오는 게 이상하고 신기했다. 지폐 액수가 낮을수록 유통되는 개수는 많을 것이고, 다양한 직업과 사람들의 동선이 천차만별인 만큼 다시 똑같은 것을 만져볼 수 있을 확률은 과장해서 말하면 로또 맞을 확률만큼이나 드물 것이다.

정황이 그러할진대, 두 달 동안 연달아 칼에 찔린 효정이를 보는 건 그리 유쾌하다고 할 수 없었다. 지폐에 대한 완강한 사랑을 맹세한 정신이 무서웠다. 그러한 맹목은 소유라는 감정에 다다른 외통수였다. 스스로 영혼을 캄캄한 허방에 빠트린 존재를 누가 건져 주랴.

부러운 착각

　　　　　　　　　마흔일곱, 마흔여덟……. 뚱보는 엄지와 검지를 바지런히 놀려 누런 지폐를 세고 있다. 다리를 쩍 벌리고 앉은 녀석의 모습은 건방져 보였다. 딩동 소리가 날 때마다 뚱보는 고개를 들어 창구 쪽을 쳐다봤다. 이내 눈길을 거두고 그는 처음부터 다시 지폐를 센다. 녀석은 어깨가 굽었고 뱃가죽은 늘어져 있을 듯했다. 아마 야식을 즐겨 먹는 습관 때문에 녀석의 뱃가죽은 세 겹쯤 접혀 있을 것이다. 파란색 후드티를 입었는데, 머리는 스포츠형으로 짧았다. 그는 돈을 중간쯤 세다 말고 호주머니에서 쪽지를 꺼내 보았다. 번호표를 다시 확인하는 듯했다. 얼핏 보기에는 삼십 대 중반쯤으로 보였다. 볼살이 밑으로 늘어져 입을 벌린 채 돈을 세는 모습이 어딘가 미련해 보였다.

　나는 평소 오만 원권 다발을 흔하게 보지 못했기에 그를 부러운 눈길로 보고 있었다. 성실하게 직장생활을 할 것 같지는 않아 보였다. 신구간이라 세입자에게서 집세를 받아 적금하러 왔을까? 점심인데도 얼굴이 부스스한 걸 보니 야간업소를 운영하는 조폭일지도 모르겠다. 청경이 다가와 오래전부터 안면을 터온 듯 뚱보에게 아는 체를 했다. 둘은 웃으며 자연스럽게 대화를 이어갔다. 뚱보 손에는 세다 만 돈이 그대로 들려 있었다. 빳빳한 신권은 아니었고

헌 지폐가 대부분이었다. 어림잡아 양손에 쥔 돈이 오십 장은 더 되어 보였다. 5 곱하기 5는 25, 이백오십만 원쯤 되어 보였다.

떡대로 보아하니 뼈대도 건장한 놈이었다. 돈 버는 살이 뼈를 감싼 체형이었다. 세입자가 건넨 돈이라면 필경, 대출을 받았을 것 같았다. 요즘 같은 불경기에 야간업소를 운영한다 해도 하룻밤에 저렇게 큰돈을 벌기는 어려울 것이다. 게다가 하룻밤에 5만 원권 백 장이라니.

나는 5만 원권 여섯 장, 만 원짜리 열다섯 장, 천 원짜리 오십 장을 오른손에, 95번 번호표를 왼손에 쥐고 있었다. 며칠 동안 종아리에 알이 배고 쥐가 나도록 고구마를 팔아 번 돈이었다.

인상도 험악하고 몸 관리도 안 한 젊은 자식이 5만 원권을 자꾸 내 앞에서 세는 걸 보자니, 난 은근히 부아가 돋았다.

정상적인 벌이가 아닐 거라는 지나친 추측 때문이었을까. 점심도 거른 상태라 공복감마저 거의 잊고 있었다.

딩동, 차임벨이 울리고 95번 고객을 찾는 소리가 들렸다. 나는 해당 창구로 가서 더럽고 침 묻은 내 노동의 흔적을 보였다. 오십만 원과 신분증을 함께 내밀었다. 행원은 백만 원 이하 예금은 신분증이 필요 없다고 말했다. 나는 무통장 예금 영수증을 받아 들고 등에 와닿는 물컹한 느낌에 뒤를 돌아봤다. 바로 뒤에 뚱보가 서 있었다. 그는 96번 번호표를 들고 있었다.

그때 그의 또 다른 손에 들고 있는 종이가 눈에 들어왔다. 그것은 'XX지방검찰청'이라는 활자가 찍힌 고지서였다.

의심스러운
이용사

밤늦게까지 작업했던 승욱이와 무근성에서 장대국을 먹었다. 그는 밝은 성격임에도 최근 불면으로 늙수그레해 보였다. 서귀포 태생인 그는 성장기에 가정부를 둘 정도로 유복했다. 남부럽지 않게 살았던 형제들은 번듯한 대학을 나왔고, 형은 불란서 유학파였다.

그를 데리러 갈 때, 나는 칼호텔 뒤편 하천변을 따라 낡고 퇴락해 가는 오래된 건축물이 있는 그곳을 보며 그의 현재 삶을 짐작했다.

서울에서 사진을 찍던 누이는 돌아와 겨우 몸을 지탱하는 데에도 힘겨워하고 있었다. 그는 재난지원금으로 장대국을 샀고, 동시장에서 투병 중인 누이를 위해 생선을 샀다. 낮 동안 햇살을 듬뿍 쬔 그는 분명 오늘 밤은 푹 잘 것이라고 생각했다.

그를 만나기 전, 중앙로 시장 초입 건물에서 영업하는 오천 원짜리 커트 간판을 발견했다. 3층으로 올라가 손님이 전혀 없는 그 이용실에서 나는 사장에게 여기서 영업한 지 얼마나 됐느냐고 심문하듯 물었다.

살집 없는 긴 얼굴의 이용사는 육지에서 내려와 개업한 지 몇 달 안 되었다고 말했다. 나는 그 말을 듣고 나갈까 말까 잠시 망설였다. 나는 그의 실력을 믿지 못했기에 그가 잘 알아들을 수 있도록 정말 또박또박 이렇게 말했다.

"머리가 길어서 온 게 아닙니다. 옆하고 뒤에는 바리캉으로 살짝만 쳐주시고 그 외에는 깔짝, 깔짝 다듬는 척만 해주세요."

아직 점심 전이었고 손님이 너무 없는 것이 불안해서 머리 깎으러 온 것이 아니라는 걸 재차 강조했다.

이용사는 흰 보자기를 내 목에 두르고 바리캉을 들어 머리털을 다듬었다. 얼마 후 바리캉을 내려놓고 가위를 들었다가 다시 그걸 드는 행위를 거듭 반복했는데, 어쩐지 내가 주문한 내용을 위반하는 느낌을 주었다. 점점 내 주문을 잊어버린 듯한 이용사는 양쪽 귓가와 정수리, 뒤통수에서 머리카락을 자를 때 나는 특유의 마찰음, 금속성 울음을 뱉어냈다.

아아, 나는 이래서 근본 없이 기술을 익히는 초짜 이용사의 견본이 되었구나. 이용사는 머리를 깎는 동안 내내 말을 시켰다. 원래 정교한 손놀림이 필요한 작업에는 가급적 말을 하지 않는 것이 실패 확률을 줄이는 방법이었다. 나는 이용사가 거친 손놀림으로 뒤통수에 쥐 파먹은 흉터를 낼까 봐 정말 조심조심 말을 아껴 짧게 답했다.

머리카락을 깎은 지 얼마 되지 않았는데 평소 다른 미용실에서 손질하는 시간보다 오래 걸렸다. 나는 이용사가 짤깍거린 대략적인 횟수가 뇌리에 남아 있었기에 보자기에서 해방될 때도 거울을 보지 않았다.

이용사가 이제 다 끝났다는 표식으로 헛기침을 했다. 그는 솔을 들어 보자기에 쌓인 내 머리카락을 털어냈다. 그제야 나는 거울을 봤다.

내 머리를 가지고 논 시간에 비하면 머리카락은 거의 손대지 않았다고 느껴질 만큼 긴가민가한 수준이었지만, 분명히 깔끔한 마무리가 비쳐졌다.

나는 그제야 내 속된 의심이 한없이 부끄러워졌다. 이용사는 가격이 싼 만큼, 혹은 머리카락이 짧았던 만큼 간단하게 내 머리카락을 업신여기지 않았던 것이다.

나는 머리에 손수 비누칠을 하고 물을 끼얹어 두 번이나 거푸 헹구고 나서 이용사에게 만 원을 건네며 거스름돈 4천 원만 달라고 했다. 천 원은 팁으로 주고 싶었다. 그 말에 이용사는 뽀로통한 표정으로 그러면 안 된다며 손사래를 쳤다.

그는 바지 호주머니에서 수북한 오천 원권을 꺼내 한 장을 내밀었다. 얼핏 보기에는 천 원권은 단 한 장도 없는 듯했다. 나는 그 거스름돈 다발을 보는 순간 그를 신뢰할 수밖에 없었다.

여뀌
장사

 오늘은 내 몸에 뜸자리를 새로 뜨려고 P 여사와 약속한 날이었다. 간밤에 늦게 잠든 탓에 후배 K의 전화가 와서야 깼다. 여느 때 같았으면 주섬주섬 옷을 챙겨 입고 고양이 세수만 하고 동쪽 마을로 차를 몰았을 터였다. K와 두서없이 이야기를 나누다 보니 나는 어제의 약속을 까맣게 잊어버렸다. 저지 예술인마을의 K 집에 들러 밭 근처 식당에서 끼니를 해결할 때쯤에야 선약이 있었음을 깨달았다. P 여사에게 전화를 걸어 사정을 이야기하고 사과했다. 나는 점심을 끝내고 K와 함께 내가 경작하는 콩밭에 들렀다. 콩밭은 군데군데 여뀌가 군락을 이루어 밭 주인을 희롱하고 있었다.

"형, 여뀌 농사짓는 거? 콩 농사짓는 거?"

"자식아, 그 여뀌는 정말 귀한 거야. 오일장에서 좌판 깔고 팔 거라고. 이렇게 큰 여뀌 본 적 있냐?"

"게매, 영 큰 거는 본 적 없수다."

"농진청에서 콩씨랑 섞어 뿌리기 재배 방법으로 씨앗을 분양했길래, 나도 신청해서 뿌려봤지."

"이거 뭐 하려고?"

"뭐 하긴, 일석이조지. 잡초가 못 자라게 방패막이도 되고, 약초

로도 대용할 수 있으니까."

K는 내 말을 한참 듣더니, 긴가민가한 표정으로 이렇게 말했다.

"형, 예전에 나한테 사기 친 홀애비조새 생각남수다. 지금 뻥치는 거 맞잖아?"

"나 저번 주에도 개량종 여뀌 메어 가서 오일장에서 12만 원 벌었는데."

"정말?"

"그래서 너한테 밥 샀잖아. 생각 안 나? 뭐 판 거 있어서 밥 산다고."

실제로 K에게 밥을 사면서 나는 그 까닭을 설명하며 물건을 팔았다고 말했다. 몇 푼 되지 않았지만 K가 사오 년 전에 내게 주었던 발목 마사지 기계를 2만 원에 팔았다. 당시 하루 5킬로미터 달리기를 실천하던 나에게 K가 찬탄의 표시로 준 것이다. 발목 마사지 기계는 딱 한 번 시험해본 후 박스째로 방구석에 놔두었다. 발목 마사지를 팔았다는 것은 평생 내가 봉인해야 할 비밀이었다. 밥을 산 것은 그에 대한 최소한의 양심상 발로였기 때문이다.

"여뀌가 뭐에 좋은데?"

"아, 그러니까, 안토시안 성분은 기본으로 갖고 있는데 여기에 아주 희귀한 성분이 있는 거라."

"그게 뭐?"

"옥토시안."

K는 반바지 주머니에서 폰을 꺼내 '안토시안'을 검색하더니, 감

탄하며 목청을 크게 울렸다.

"와, 이게 뭐야. 식물 속에… 노화 방지, 시력 보호, 당뇨 치료, 중금속 해독… 포도, 가지, 자색고구마…."

"야, 중요한 건 그게 아니야. 옥토시안이 핵심이지."

"옥토시안? 잠시만, 검색해보고."

둥그스름하게 깎인 엄지손톱이 점심때를 넘어가는 햇살 아래 빠르게 폰 자판을 넘나든다. K는 햇살에 반사되는 화면 빛에 눈이 부신 듯 미간을 좁힌 채 눈썹을 살짝 움직이며 그쪽 세계로 빠져들고 있었다. 사실, 안토시안 정도는 내가 어디서 주워들은 용어라서 말했지만, 옥토시안은 순간의 기지로 만들어낸 낱말이었다. 어쩌면 있을 법한 생물학 용어일 수도 있었다. 우리는 뜻 없이 지나가는 바람 소리도 가끔 마음에 담을 때가 있지 않은가.

"형, 그건 안 나오는데?"

"아, 내가 비슷한 음가를 잘못 발음했을 수도 있어. 하여간 그 비슷한 건데, 옛날에 여뀌 장사들이 고깃국 가마솥 옆에 여뀌 물을 데워 손님 속을 눌러줬다는 구전이 있어."

"그래요?"

"아픈 이가 첫 방귀를 뀌면 여뀌차 한 잔 올려 '장의 바람을 달랜다'는 풍습도 있는데 뭘."

"오, 대박이다. 흔히 보이는 잡초가 특별 대우받는 격이네."

나도 모르게 엉터리 전승과 효과가 튀어나왔다. K가 너무 진지했기에 내 표정도 진중했고, 나는 헛바람 든 지식을 감당하느라 그

릴듯한 말로 K의 의심을 아슬아슬하게 넘기고 있었다. 속이는 쪽은 허방다리 위에서 균형 잡느라 긴장을 풀 새가 없고, 속는 쪽은 그걸 모르니 펀두룽히(멀거니) 있지 않겠는가.

사람 키만큼 웃자란 여뀌는 그날따라 유난히 낭창낭창했다. 여러 갈래 줄기를 모아 맬 때마다 넌출거리는 가지가 팔뚝을 착착 때렸고, 팔뚝과 목에는 회초리로 맞은 듯 벌겋게 자국이 남았다.

겨우 무릎 높이로 자라는 콩은 어린애 손바닥만 한 잎을 흔들며, 여뀌에 달라붙은 아기처럼 작았다. 나와 K는 대여섯 걸음 간격을 두고 잡담을 섞어가며 손을 놀렸다. 불편한 이들을 뒷담화하고, 자식들 취직을 걱정하고, 미구에 닥쳐올 노인의 삶을 툭툭 건드리기도 했다. 그러면서도 손은 여뀌 뽑기에 한참 바빴다.

나는 말은 안 했지만, 여뀌를 함부로 다루는 내 손길을 K가 희떠운 눈으로 슬쩍슬쩍 훔쳐보는 시선을 의식했다. 반면 K는 자신이 작업한 여뀌를 한 방향으로 단정히 모아 단을 만들었다. 그러던 어느 순간, 그는 밭 출입구에 놓여 있던 호스를 끌어왔다. 그는 따가운 햇볕에 숨이 죽은 여뀌에 물을 주기 시작했다.

말리고 싶었지만, 내가 쌓아 올린 '여뀌 장사'의 신화에 스스로 겁박당한 꼴이 되어 쓴웃음만 지었다. 바로 그때였다. 틈만 나면 50cc 오토바이를 타고 동네를 휘휘 도는 전직 이장 병태 옹이, 우리가 일하는 모습을 보더니 불가사의한 K의 행동에 한마디 보탰다.

"거, 무사 검질에 물 줨서?"

"예? 내일 장 서는 날이라 작업 햄수다."

"허허, 물은 콩이 마시는 거지, 검질이 마시는 거 아닌다. 그 정성으로 우리 밭 검질도 싹 키워주시게. 장에 내다 팔리기만 하면 수익은, 몽땅 선생께 드리리다."

K가 "우씨" 하고 호스를 휙 돌리는 바람에 나는 한바탕 물세례를 맞았다. 해 질 녘, 팔에 말라붙은 여뀌 냄새를 털고 K와 저지 명이동 고깃집으로 차를 몰았다. 나는 근고기를 시켰고, K는 자리에 앉자마자 자기 순진함이 어이없다며 낄낄거렸다. 우리는 여뀌 판 돈이 아니라 오늘 숙인 허릿값으로 고기를 구웠다. "가끔 지루한 날엔 이런 양념도 필요하지 않겠느냐." 나는 K의 잔에 맥주를 따르며, 속여 먹은 미안함을 그런 식으로 말하며 눙쳤다.

방귀
유감

　　　　　　사람에게 먹는 것만큼 중요한 일이 있다면, 똥오줌으로 나타나는 배설일 것이다. 우리는 먹는 일은 중하게 여기면서도, 배설에 관한 이야기는 일상에서 유독 금기시한다. 아마 은밀한 부위에서 이루어지는 일이라 터놓고 말하기가 부담스러워서일 것이다. 그런데 음식물을 통해 몸 상태를 알리는 나팔수도 있으니, 그게 바로 방귀다. 방귀는 사람에 따라 냄새와 소리로 현재의 심리 상태나 징후를 드러내기도 한다. 이를 즐기는 태도는 제각각이다. 몰래몰래 나눠 뀌며 최대한 티를 안 내는 이, 모아두었다가 기다렸다는 듯 한 번에 발사하는 이, 남의 고통을 자기 즐거움으로 삼는 이 등 여러 부류로 나눌 수 있다.

　성인 남자는 하루 14~15회, 여자는 4~5회 정도 방귀를 뀐다고 한다. 어디까지나 평균치이므로, 먹는 음식이나 생활 습관에 따라 횟수는 크게 달라진다. 예컨대 음식을 너무 빨리 먹거나 껌을 씹거나, 호흡이 불규칙하거나 하품을 지나치게 하는 습관은 방귀 양을 서너 배 이상 늘린다고 한다. 방귀를 유발하는 대표적인 식품은 강낭콩이며, 그 밖에 양파, 사과, 포도, 토마토, 치즈, 커피, 달걀 등이 있다. 채소 위주의 식사와 육류 위주의 식사는 방귀 냄새에서도 차이가 난다. 채소는 거의 냄새가 없지만, 육류는 심한 구린내를 풍기는 경우가 많다.

방귀가 너무 잦으면 몸에 이상이 있는 건 아닐까 걱정되기도 하지만, 반가운 손님으로 대접받을 때도 있다. 회복기 환자가 방귀를 뀌었을 때 기뻐하는 가족의 표정을 보는 일만큼 감동적인 일이 또 있을까. 그 감동은 학창 시절에 방귀를 놀이화했던 내 한 벗을 떠올리게 한다.

열일곱 무렵이었다. 성은 방씨이고, 이름은 석칠인데 별명이 '삼칠'이었다. 방귀로 삼삼칠 박수를 치는 아이라 하여 붙은 별명이었다. 희한하게도 녀석은 냄새나는 방귀와 그렇지 않은 방귀를 골라 뀔 줄 알았다. 아이들이 즐거워하니 그는 그것을 기꺼워하며 수시로 연습하기도 했다. 선천적으로 타고났는지, 부단한 노력의 결과인지는 모르겠으나, 그는 방귀를 자유자재로 다뤘다. 소풍이나 그 밖의 학교 행사 때면 불려 나가 선생을 비꼬는 사설조의 타령에 방귀로 추임새를 넣고 삼삼칠 박수로 분위기를 달구곤 했다. 아이들을 배꼽 잡고 뒹굴게 만드는 이상한 스타였지만 그를 보는 시선이 곱지만은 않았다. 얼굴에 주근깨가 많았던 탓도 있겠지만, 마음 깊은 곳에서는 '방귀를 놀잇거리로 삼는 건 점잖지 못하다'고 여겼기 때문일 것이다.

19세기 프랑스에는 방귀로 물랭 루주에서 공연한 퓌졸이라는 이가 있었다. 그는 테너, 베이스, 바리톤부터 옷 공장 여공이 베를 찢는 소리, 바이올린, 콘트라베이스, 북소리까지 기막히게 흉내 냈다고 한다. 따발총 소리를 연발로 열두 번이나 내고, 피날레에는 무대 앞 난간의 가스등을 방귀로 껐다는 전설도 전해진다. 예술의 도시 파리는 역시 남다르다.

예로부터 방귀를 참으면 경련, 현기증, 복통은 물론 더 심각한 질병을 앓을 수 있다고 경고했다. 방귀는 숨길수록 수상해지고, 안색은 창백해지기 마련이다. 물론 상황에 따라 참아야 할 때는 참아야 한다. 그럴 수 없다면 살짝 지혜를 발휘하자. 사정이 여의찮으면 옛말처럼 기침으로 소리를 덮는 방법도 있지 않은가. 인간관계도 마찬가지다. 불통보다는 소통이 우리 사회를 훨씬 건강하게 유지해왔다.

당신의 뼈와 살, 오장육부의 현황을 알리는 깃발은 방귀다. 참는 것만이 능사는 아니다. 자, 우울한 일이 있거든 오늘 한번 크게 울어보자. 우리 인생에 울어볼 날이 또 얼마나 있겠는가.

M 여사의
험담

　　　　　　　시골 밭에 쉼터를 지을 계획이었
다. 각관과 패널을 실어 갈 트럭이 필요했다. 친구 여동생인 M 여사
에게 농사용 트럭이 있었다. 오전 시간에 잠시 트럭을 쓰자고 양해
를 구했다. 나는 M 여사가 직접 운전해주는 트럭을 타고 출근 시
간대를 조금 지나 4차선 도로를 달렸다. 평소 만날 기회가 없던 우
리는 가는 동안 이런저런 대화를 나누었다. M 여사가 아침을 먹었
냐고 묻기에 나는 일부러 먹지 않는다고 답했다. 그러자 그녀는 기
겁하며 왜 안 먹느냐고 물었고, 아침에는 탄수화물을 섭취해야 하
고, 고기를 먹어야 근육량이 늘어난다는 등 나의 끼니를 염려했다.
　살펴보면 사람마다 끼니를 대하는 데에도 지극한 가치관이 반
영되는 법이다. M 여사는 비교적 건강한 몸으로 생활하는데, 규칙
적인 식사와 운동이 큰 도움이 되는 듯하다고 강조했다. 나는 덧
붙여 간헐적 단식의 한 방법으로 아침을 거른다고 했지만, M 여사
는 자기 관념으로는 이해하지 못하는 듯했다. 그러고 나서 그녀는
보온통에서 흰죽 비슷한 것을 뚜껑에 따라주었다. 귀리와 바나나,
그 외 몇 가지가 들어간 곤죽이었다. 나는 겔포스를 먹는 기분으로
받아 마셨지만, 그리 유쾌한 맛은 아니었다.
　차창 밖으로는 봄볕에 아지랑이가 금방 피어오를 듯 원색적인

풍경이 스쳐 지나갔다. M 여사는 운전 내내 '그 새끼'라는 말을 입에 올리며 자기 남편을 험담하기 시작했다. 나는 창밖 풍경을 좀 더 감상하고 싶었지만, 그럴 수 없었다. 남편 때문에 화병이 난다느니, 밤새 잠을 못 잔다느니 하는 말을 들었기 때문이다. 그 정도면 내 귀가 상석에 앉혀질 판이었다. 그저 고개를 끄덕이고 때마다 추임새를 넣어줘야 했다. "그 새끼 나쁜 새끼네. 아이쿠, 저런 몰상식한 경우를 봤나. 그럼 안 되지. 점쟁이까지 찾아갔어? 지나간 일은 심각하게 되돌아보지 마." 한 시간 가까이 M 여사는 바람피운 남편을 속 시원히 털어놓았고, 그제야 화기가 좀 누그러진 듯했다. M 여사는 남편이 자신에게 장문의 카톡을 보낸 정성을 참작해 용서해주려 했지만, 내용을 보니 전혀 아니어서 마음을 접었다는 말에 나는 또 마음이 씁쓸했다. 나는 '남자들은 다 그러니까, 그러려니 해라.' 말할까 하다가 잔불에 기름 끼얹는 것 같아서 입을 꾹 다물었다.

문득 그런 생각이 들었다. 그 남편은 효과 없는 구질구질한 변명 대신 "나는 당신뿐이다." 이 한 구절이면 충분했을 것을. 여자들은 다 똑같고 남자들은 다 미련하다. 나는 언제나 어릴 적부터 알고 지내던 친구 여동생 편이었지만, 남자들은 또 그런 게 있다. 본능적으로 남편 입장에서 어떻게 하면 그 환란을 피해 갈까 자신을 그 입장에 놓아보는 것이다.

허공에
꽃이 피었다

 바다 쪽에서 찬바람이 불어 공항 거리는 스산했다. 절기상 입동이 다가오는 11월 초. 산국은 끝물을 보였고 늦게 익는 구찌뽕나무 만생종 열매도 절정 끝에 동면에 들 것이었다. 세상은 쇠락의 기운에 잠겨가고 있었다.

 그날 나는 근처 우리 밭이 있는 다호 마을로 산책을 나갔다 집으로 돌아오는 길이었다. 공항 네거리에서 구시가지 방향 횡단보도를 막 건너려 할 때였다. 웬 남녀가 손짓발짓하며 이쪽으로 걸어오고 있었다. 그들은 쉬지 않고 제스처를 취하며 정겨운 분위기를 자아내고 있었다.

 멀리서 보기에도 그들은 연인 사이임을 알 수 있었다. 말소리는 들리지 않았지만, 끊임없이 까르르거리는 여자는 무엇이 그리 신났는지 과장된 몸짓으로 남자친구의 흥을 돋우었다.

 나는 그들의 얼굴 생김새를 구분할 수 있을 만큼 가까워지자, 비로소 그들의 상태를 짐작할 수 있었다. 도대체 남자는 무슨 이야기를 하기에 양손을 열심히 사용하면서 여자를 감동시키는지 궁금했다. 여자는 걸어오는 모습이 꾸밈없이 자연스러워 보였다. 그토록 시름없이 웃음을 터뜨리는데, 그들에게 그늘이 있으리라고 누가 짐작할 수 있었겠는가.

열 걸음도 되지 않은 거리에서 여자는 얼굴 가득 미소를 띤 채 남자를 따뜻하게 바라보고 있었다.

그들은 거리가 좁혀지는가 싶더니, 이윽고 나를 비껴갔다. 나는 가까웠던 그들과 멀어지며 몇 번이고 뒤돌아보지 않을 수 없었다. 내 곁을 스쳐 지나가던 살가운 기운이 궁금했다. 남자의 수화는 여전히 허공에서 다양한 기하학적 선율을 그려내며 따뜻한 꽃이 피어나는 공간을 만들어냈다. 무슨 꽃을 저리 피워내기에 여자는 저리 행복하게 걷고 있을까 생각하니 참 부러웠다.

세상은 시름겨운 것들이 흩어지는 시간인데, 저들의 시간이 잠시나마 만개하는 걸 보자니 그 어떤 드라마보다도 뭉클했다. 나는 내내 그 남자가 허공에 음각한 내용이 어떤 것일까를 생각해보았다. 그들이 보이지 않게 될 때까지, 혹시라도 무언가 숨겨져 있던 게 드러나지 않을까 하고 자꾸 뒤돌아보지 않을 수 없었다.

꽃을 훔치는 남자

 장사를 위해 가게로 출근한 나는, 아점을 먹으러 나섰다. 몇 달 전, 주차장 근처에 정식집이 생겼는데, 기본으로 상추쌈, 된장찌개, 여러 나물 반찬, 고등어구이 반 토막까지 나왔다. 날마다 반찬이 바뀌어서 가성비가 좋은 편이다. 나는 늘 혼자 가는 형편이어서, 매번 미안한 마음으로 먹곤 했다. 둘이 먹는다면 주인과 손님 모두에게 딱 좋을 밥상이었다.

 오늘은 근래 보기 드물게 비가 내렸다. 여느 날과 다름없이 정식집으로 향하던 중, 다행히 바가지로 쏟아지던 비는 점차 가늘어져 기세를 꺾었다.

 밥집을 지척에 두고 차도로 바투 붙어 후줄근히 젖은 남녀가 걸어오고 있었다. 여자는 앞서 걸으며 드문드문 놓인 현무암 화단을 살피는 듯했다. 여자가 화단의 한 지점을 손가락으로 가리켰다. 여자의 신호를 받은 남자가 화단 중간에 핀 화초 한 줄기를 뽑아 올렸다. 남자의 다른 손에는 이미 다른 종류 화초 서너 줄기가 쥐여 있었다.

 간만에 내린 비로 존재의 기쁨을 흠뻑 만끽하던 화초는 뽑히지 않으려고 타고난 생명력을 다해 애를 쓰고 있었다. 열 걸음 뒤에서 내가 보기에도 어렵게 뽑는 남자의 행동으로 미루어볼 때, 화초의 사투는 만만치 않았다. '아저씨, 저 좀 살려주세요.'라는 화초의 안타까운 목소리가 들리는 듯했다.

거리를 배회한 지 오래된 듯 사내의 머리는 흠뻑 젖어 있었다. 다시 곁의 화단으로 손을 뻗은 사내, 그의 손목 힘줄이 불거지는가 싶더니 한 뼘만 한 흰 뿌리를 내린 화초가 뽑혀 올라왔.

남녀는 익숙한 듯 화단에서 딱 한 줄기만 골라냈다. 나는 식당으로 들어갔고 밥을 먹는 내내 그들을 생각했다. 무의식중에 떠오른 생각은 그들이 이사하자마자 주술처럼 행동한 것이 유리병에 화초를 꽂는 일은 아니었을까 하는 점이었다.

왜 나는 이사를 떠올렸을까? 꽃과 이사를 연결 지을 만한 고리를 전혀 찾을 수 없었다. 그럼에도 나는 그렇게 단정 짓고 싶어 했다. 아마 부정한 기운을 몰아내고 새로운 기운 속에서 좋은 일이 있기를 바라는 습속의 방편이라 여길 수 있기 때문일 것이다.

처음에는 그들의 행동이 미웠지만 시간이 지날수록 희석되었다. 많이 훔친 것도 아니고 티가 나지 않을 만큼 딱 한 줄기였다. 화단을 유심히 보았더라도 말해주지 않으면 모를 정도였다. 꽃을 훔친 정도를 고려하면 절도범이라 표현하기에는 좀 지나친 감이 없지 않았다. 나는 식당 밥을 다 먹고 나서, 그 남녀의 절도 행위를 용서해 주었다.

윤후명의 단편 소설 「여우사냥」에도 그런 내용이 있다. 화자는 어떤 일로 러시아에 가게 된다. 그곳에서 여우를 사냥하러 현지인들과 눈 덮인 숲을 헤매다 어두워져 오두막으로 들어간다. 일행은 보드카를 마시고 모두 취한다. 화자는 은근히 겁이 났다. 이역만리에서 그들에게 죽임을 당할까 봐 불안해하는 것이다. 그러던 중 오두막 주인의 베개 머리맡에 놓인 너덜너덜한 푸시킨의 시집을 본다. 그걸 보고 나서 화자는 불안에서 벗어난다. 우락부락한 오두막 남자이지만 푸시킨 시를 그토록 보았다면 마음가짐이 부드러울 것이라는 믿음이 있었던 것이다.

  같은 이유로 꽃을 훔치는 남자와 시를 읽는 남자를 동일선상에서 이해하려 했다. 어떤 연유로 현무암 화단의 꽃을 훔쳤는지 모르겠지만, 내 마음은 그들을 무죄로 방면했다. 단, 조건을 달았다. 둘이 납치해 간 주홍빛 꽃송이가 평화로운 기운을 입고 잠시 동안이나마 주변 세상을 환하게 해준다는 조건이었다.

구형
백동전

　　　　　　만일 내 손이 한 번 스친 사물을 기억하는 재주가 있다면, 내가 모으고 있는 구형 백동전 중에는 필시 다시 만난 인연도 있을 것이다. 현재 유통되는 신형 백동전은 1980년대 초반 이전에 나왔던 백동전에 비해 문양이 단조롭다. 화폐 가치가 점진적으로 하락하다 보니 조폐공사에서도 대충 만든다는 의심이 든 지 오래다.

　내가 붕어빵 한 개를 팔게 되면 손님들 대부분은 지폐를 낸다. 물론 현금을 갖고 다니지 않아 계좌 이체를 하는 부류는 제외하고 말이다. 붕어빵을 다섯 개 단위로 사면 거스름돈을 줄 필요가 없지만 대개는 백동전으로 거슬러 주게 된다.

　사정이 이렇다 보니 하루 장삿돈으로 손아귀 가득 두 주먹쯤 백동전을 마련해야 그날 장사를 안심하고 할 수 있다. 드물게 구형 동전이 섞여 손님과 나 사이를 오갈 때 발견하면 이상하게도 가슴이 뛴다. 신형보다 훨씬 디테일한 문양 속에 완강하게 숨어 있는 어린 시절 욕망에 대한 추억이 깃들어 있기 때문이다.

　아, 그런 추억조차 돌아볼 여유 없는 '돈벌레'들은 또 얼마나 정서적 가난에 시달리고 있을까. 삼 년 전부터 나는 마음먹은 건 아니지만 구형 백동전을 모으기 시작했다.

시작은 아주 사소한 데서 비롯됐다. 연말 끄트머리의 어느 날이었다. 며칠 눈보라 치는 험악한 날씨에 몸이 녹초가 될 정도로 장사가 잘됐다. 새벽 1시가 훌쩍 넘었을 때, 어두운 바람막이 상의를 입은 삼십 대로 보이는 청년이 붕어빵과 어묵 한 개씩을 먹고, 딱 그만큼의 백동전을 아무 말 없이 내고 사라졌다. 동전은 녹이 피고 때가 타서 오랫동안 사용하지 않은 듯했다.

당시 생각에는 어느 폐가를 철거하다 주방 찬장 안에서 나온 건 아닐까 싶었다. 추레해 보이는 청년의 행색이나, 그가 날품팔이로 생계를 연명하는 듯한 모습 때문이었다. 그는 어딘가 잊어뒀다가 생각난 듯, 출출한 새벽 허기를 이기지 못해 책상 서랍 안에 아무렇게나 놔둔 백동전을 주섬주섬 챙겨 무심한 표정으로 걸음을 옮겼을 것이다. 그 백동전은 청년처럼 남루하게 보였다.

그날 귀가한 그는 어머니가 미리 보일러 스위치를 올려놓은 방바닥 아랫목에서 매상 정산을 끝냈다. 그러고 나서 그는 구형 백동전들을 물휴지 위에 펼쳐놓고 손가락을 바삐 움직여 비벼댔다. 김승옥의 『무진기행』에서는 개구리 울음소리를 조개 비비는 소리에 비유했던가.

그때 나는 묘한 상상 속을 거닐었다. 고명도 들어 있지 않은 국수를 후루룩 젓가락질하거나, 팥죽 끓는 소리와 상복을 입고 애고지고 우는 여인의 곡소리가 들리는 듯했다. 나는 그날 이후 구형 백동전을 손에 넣게 되면, 살살 비벼서 그 녀석이 휘돌아온 시간을 더듬어보는 버릇이 생겼다. 오래된 것들은 모두 순장의 운명을 가졌나 보다. 셀 수 없이 많은 지문을 갖고 있을 구형 동전들은 한 닢 한 닢, 제 갈 길을 가야 할 서사의 운명 또한 지니고 있을 것이었다. 수많은 세월의 흔적을 위안하며, 나는 오늘 내 운명의 포충망으로 걸어 들어올 각각의 씁쓸한 당신의 이야기를 기다린다.

저승미투리전

홀로 잠자던 A는 삼경에 심장마비로 죽었다. A는 찾아온 차사를 따라 자기 집 대문을 열었다. 때마침 굳게 닫혔던 대문 밖은 안개가 첩첩했고, 어느새 이승이 아닌 풍경으로 바뀌어 있었다. A는 차사를 따라 걸었다. 그 길은 오래된 주물판과 같았다. 쌀과 지전을 태운 매캐한 냄새와 마른 짚 냄새를 들이켜야 겨우 발을 올릴 수 있었다. 망자들의 헛소리들이 숨결처럼 퍼져 A 주변을 맴돌았다. 생인의 귀를 찾아다녔다.

살아온 세월만큼 저승길을 걸어야 했다. 돌 지난 아기는 한 해만 걸으면 되었고, 백 년 산 사람은 백 년을 걸어야 했다. 차사는 마른 갈대 껍질이 스칠 때 나는 사각거리는 소리를 내며 앞장섰다. 발끝으로 땅을 디뎌도 모래알 하나 붙어 나오지 않았다. 가까이 다가가자 차갑게 식은 장뇌 냄새가 옷깃에서 풍겼다. 칼날처럼 곧은 어깨선과 달리 숨결엔 온기가 없었다.

이승도 저승도 아닌 절벽 사이 회랑에 들어서자, 숯검정을 덕지덕지 바른 듯한 광택 없는 검은 문이 길을 막았다. 문 앞 성벽을 따라 끝없이 신발이 줄지어 있었다. 젖은 가죽의 퀴퀴한 냄새와 오래된 가구의 곰팡내가 희미하게 떠돌았다.

A가 한 걸음 다가설 때마다 잔자갈이 발밑에서 사각거렸다. 축

축한 공기가 발목을 타고 헐렁한 수의 안으로 스며들었다. 세 줄로 빽빽하게 늘어선 신발들 사이에서, 손바닥만 한 아기 덧신이 A의 시선을 사로잡았다.

천의 올이 굵어 눈으로도 셀 수 있을 만큼, 붉은 실로 수놓은 꽃무늬 사이사이에는 바늘이 지나간 구멍들이 오밀조밀했다. 손끝으로 덧신을 집는 순간, 격자 유리 너머 소한 아침의 잿빛 공기가 콧속을 시리게 스쳤다.

젊은 여인의 손등은 거칠게 트고 갈라져 있었다. 등잔불이 그 거친 손등의 살결을 비췄다. 아기가 젖을 물자, 미지근하고 달큰한 젖 냄새가 A의 혀끝에서 감돌았다. A를 낳고 산후더침으로 눈을 감았다는 여인이 그곳에 있었다.

그때 차사가 발끝을 가볍게 떼며 말을 흘렸.

"저절로 알게 될 것이다." 그리고 낮게 덧붙였다. "서둘지 않는다면 고요할 것이다."

차사는 말없이 자루를 하나 던졌다. 얇은 베 자루는 검불의 삭은 냄새를 풍겼다.

A는 덧신부터 밀어 넣었다. 검정 고무신, 파란 고무신, 뒤축 없는 슬리퍼를 들었다. 손가락에 신발이 눌릴 때마다 연고도 없는 풍경들이 솟았다 사라지기를 반복했다.

낡은 검정색 학생화를 넣고 반짝이는 새하얀 스파이크를 집자 손아귀가 잠시 버거워졌다. 왜 새것이 여기에 있나 싶어 눈썹을 모으는 사이 중학교 2학년 추석 전날 밤이 떠올랐다. 더벅머리가 대문 없는 블록 담벼락에 기대어 오다가, 마당을 살금살금 건너와 현관에 가지런히 놓인 스파이크를 낚아챘다.

더벅머리가 탄 시외버스는 후미진 어느 마을에 정차했다. 내 또래 까까머리가 그 신발을 받아 들고 흰 이를 활짝 드러냈다. 그 웃음 뒤, 헌 고무줄을 끊을 때 나는 '팅' 소리가 A의 콧등을 때리며 어떤 환영을 비췄다.

A는 까까머리가 자신보다 먼저 와 길을 걷는 것을 보았다. 그 아이가 둘러멘 베자루 속 A의 스파이크는 이미 너덜너덜해 있었다.

이윽고 자루에 넣을 군화는 마른 흙과 땀을 먹은 가죽 냄새를 풍겼고, 샌들은 땀에 절은 끈이 손가락에 끈적하게 감겼다. 사찰에서 신던 흰 고무신은 쌀겨와 젖은 마루 눅진한 냄새를 풍기고 있었다. 자루가 어깨에 더 눌러앉자 차사가 옆으로 비껴서며 짧게 일렀다.

"밑창으로 값을 치러라."

길은 햇볕에 달궈진 지붕처럼 뜨거웠다. 덧신 밑창으로 올라오는 열이 발바닥 살을 지져 오래 버티면 물집이 잡힐 듯 홧홧했다. 바람은 숨을 죽인 듯 미동이 없었고, 들이마신 공기엔 모래가 한 줌씩 섞여 혀뿌리가 까끌거렸다. 목덜미에서 시작한 땀은 등허리를 타고 조금씩 엉덩이 살로 스며들었다.

입술을 핥으면 소금기가 올라왔다. A의 심장 박동은 젖은 북처럼 무겁게 내려앉았고, 귀는 점점 커져 먼 소리까지 잡아당기는 듯했다. 입에서는 아주 낮은 가락이 새어 나왔다. 오래전 교회 마루에서 들었던 요단강 노래는 먼지 낀 오르간의 바람 새는 소리처럼 흐릿했다.

차사는 뒤돌아보지 않았다. 발끝이 바닥을 스칠 때마다 마른 비단이 서로 문지르는 듯 얇은 소리만 남았다. 옷깃에서는 장뇌의 싸늘한 냄새가 여전했다. 그림자는 언제나 변하지 않았다. 해가 기울었는데도 마찬가지였다.

길은 벼랑처럼 툭 끊겼다. 아래로 노한 강이 쇳물빛으로 굽이쳤다. 먼저 냄새가 들이닥쳤다. 녹슨 못을 빨 때 입안 가득 퍼지는 것은 철비린내였다. 뒤집은 뻘에서 솟는 흙내와 말라붙은 그물 살의 비늘 냄새가 한데 섞여들었다. 물결은 돌을 씹듯 탁탁 부딪혔다. 수면 위에는 비명이 조개껍데기처럼 부서져 떠다녔다. 물살에 젖은 머리칼이 쓸리는 소리가 들렸다. 손톱이 돌을 긁는 소리도 들렸다. 젖은 옷이 살에서 떼질 때 나는 '푸드득' 소리도 겹겹이 귓가를 맴돌았다.

A의 발바닥이 젖은 자갈을 딛자 둥근 돌멩이 하나가 미끄덩 빠졌다. 발가락이 반사적으로 오므라들었다. 무릎 뒤 힘줄이 팽팽해졌다. 시선은 물 위로 튀는 두 점에 번갈아 걸렸다. 손바닥만 한 목덜미 하나, 그리고 그 옆에 머리칼을 풀고 떠내려가는 여인의 얼굴이 있었다. 두 점 사이에는 보이지 않는 갈등이 팽팽하게 당겨졌다. 입천장이 마른 종이처럼 들러붙었다.

귓가에는 오래전 등잔 밑에서 젖 빠는 소리가 맴돌았다. 숨에는 젖비누 같은 순한 냄새가 섞였다. 건너편, 여자의 쏘아보는 눈동자가 A의 존재를 꿰뚫는 듯했다. 그는 왼발을 내디뎠다가 젖은 자갈

위에서 다시 반 발 물러났다. 발목뼈 사이로 시린 물이 지나갔다. 그때 차사가 A를 돌아보았다. 허락하는 눈빛이었다.

손이 먼저 움직였다. A의 팔이 물살 속으로 뻗어졌다. 찬물이 살을 감싸자 소름이 돋았다. 손안에 들어온 작은 목덜미에 솜털이 닿았다. 체온이 손바닥에서 손목을 타고 연민으로 번져갔다. 바로 옆에서 여자의 손이 다시 한번 수면 위로 떠올랐다 사라졌다. A의 손아귀에는 아이의 미끄러운 무게가 느껴졌다. 젖은 옷감의 무게가 손목을 아래로 잡아끌었다. 그것은 한 호흡이 선택한 길이었다.

A가 아이를 끌어올리자 차사의 손이 아이를 빼앗았다. 어깨를 젖히고 강 건너 어둠 속으로 내던지자 환한 세계가 떠올랐다가 사라졌다. 잠시 후, 저편에서 갓난아기의 울음소리가 터져 나왔다.

갈대피리처럼, 첫울음이 떨렸다. 공기를 한번 찢은 뒤, 끊어내지 못한 진동이 A의 가슴속 빈 곳으로 스며들었다. 어금니로 입안 살을 깨물자, 피와 소금기가 섞여 혀 밑으로 따끈한 줄기가 흘렀다.

A는 그 울음소리의 주인을 알아챘다. 입대 이틀 전, 낯선 선술집에서 이름도 묻지 못했던 밤, 그 한 번의 불씨가 내려와 잠깐 머물다 예닐곱 달 만에 꺼졌다는 아이였다.

곁에서 떠내려가던 여자의 시선이 마지막으로 A를 훑었다. 원망도 있었지만, 그것이 전부는 아니었다. 머리카락이 먹물을 풀어놓은 듯 물 위로 번졌다가 사라졌다. 물소리가 불 꺼지듯 꺼졌다. 그때 차사가 옷깃을 스치며 얇게 속삭였다.

"오늘은 울음이 길을 열 것이나 내일은 울음이 길을 막을 것이다."

A의 셔츠가 등에 붙은 자리는 오동나무 판처럼 차갑고 딱딱했다. 자루 끈은 어깨살을 파고들어 두 줄 홈을 깊게 냈다. A는 그 홈을 손끝으로 더듬었다. 살결은 차고 질긴 고무 같았다. 갈비뼈 안쪽에서 낡은 철솥이 빙그르르 돌며 긁히는 마른 소음을 냈다. A는 자신의 몸이 고통만 남은 채, 진기가 사라진 마네킹 같다고 느꼈다. 그때 차사가 고개를 반쯤 돌려, 말끝을 칼로 자르듯 뚝 잘랐다.

"지금은 네가 감은 것을 풀 때다."

A는 고개를 끄덕였다. 덧신을 벗고 다른 신발을 신었다. 앞코가 흙먼지에 젖어 눅눅하게 휘었다. 신발 속 발가락 사이로 모래가 파고들어 소금을 뿌린 듯 까슬거렸다. 공기는 여전히 축축했고, 그 축축함이 이마의 땀을 식히지 못한 채 맺혀 눈썹 끝에서 콕 하고 떨어졌다. 혀끝엔 아직 희미한 철비린내가 남아 있었다.

A는 다시 길을 봤다. 땅은 때로 축축하고, 때로 바스러지며, 때로는 구름처럼 밟히지 않았다. 어깨뼈 사이로 서늘한 기운이 드나들었다. 자루는 여전히 무거웠다. 자루 밑바닥에는 흙, 땀, 기름때가 덩어리로 눌어붙어 떨어지지 않았다. 신발들 밑창이 다 닳으면 무엇이 기다릴까. 생각이 목구멍까지 차올랐지만, 차사의 몸에서 냉기가 뻗어 나오자, 말은 다시 가라앉았다.

차사는 시벅시벅 엇갈리는 걸음으로 앞장섰다. 그림자는 늘 같은 길이로 땅을 얇게 눌렀다. 그는 지나가며 무심하게 들으라는 듯 한 줄을 남겼다.

"네 그림자가 다 닳으면, 너는 다시 울음을 배우게 될 거다."

A는 다음 신발을 더듬어 찾았다. 끈을 조여 매는 짧은 동작 사이사이마다 과거라는 필름이 영상으로 스쳐 지나갔다. A는 일어서 신발들이 들어찬 행랑 자루를 어깨에 메고 손차양을 한 후 자신이 풀고 가야 할 저승계의 지평을 살펴보았다. 항상 그렇듯 눈높이의 막막한 허당은 이승과 저승, 양쪽에 속해 있었다.

3부

옛일을 끄집어내는 방식

나의 모친은 과거를 불러들일 때 나이를 먼저 거론했다.

"나가 서른여섯 살 때 밧사시난, 그때가 맞을 거여."

그러니까 어떤 기억을 떠올릴 일이 생기면 자기 나이를 기준 삼아서 주변을 살폈다. 셋째 이모할머니도 그랬다. 5년 전쯤 4·3 관련 채록 때문에 S 작가와 당신 댁을 방문한 적이 있었다. 이모할머니는 가는귀를 먹어서 소리를 질러야 겨우 알아들으실 수가 있는 형편이었다. S 작가와 나는 번갈아 이모할머니 귀에 손나발을 만들어 크게 소리를 내야 겨우 답변을 들을 수 있었다.

S 작가는 섬 땅 태생이 아니라 녹음을 하면서 무언가를 받아 적을 때마다 고개를 절레절레 흔들었다. 그녀가 알아듣는 얘기라곤 나가… 스물한 살 때라. 나가… 쉰네 살 때라.

당시 구십에 접어든 이모할머니의 말투는 표준말 반 사투리 반을 섞어 쓰는 여느 제주 사람들과 달리 완연한, 전 시대의 순 사투리였다. 그러므로 S 작가가 채록해 간 이모할머니의 말은 그녀가 작품을 쓰는 데 전혀 도움이 되지 않았을 거라고 생각했다. 얼마 지나지 않아 S 작가는 쓰던 작품을 절필했다. 도저히 감을 잡을 수 없는 이모할머니의 사투리가 그렇게 만들었을 거라고 나는 지금도 믿고 있다.

  그녀는 제주 여성의 강인한 기운을 이야기로 써보고 싶어 했던 모양이었다. 이제는 사라진 용어지만 '여청', 혹은 '네청'이라는 소재를 쓰고자 했던 것이다. 그녀에게서 집필하고자 하는 내용의 대강을 들은 것은 아니었고, 그때까지 S 작가와 우호적인 관계를 유지하고 있던 택훈에게서 들은 말이었다. 나는 무릎을 쳤다. 또 다른 제주의 속내를 그녀가 찌르고 들어갔다고 나는 직관했다. 지금껏 그런 이야기가 나오지 않았지만, 여청을 소재로 한다면 그것이야말로 크게 주목할 만한 가치가 있었다.

  과거 제주 여자들은 1인 3역을 해냈다. 육아와 살림, 그리고 '여청'이라고 하는 준군사에 해당하는 군역과 비슷한 역할이었다. 당시 산에 오른 수많은 여성을 생각하면 자연스레 여청이 떠오른다. 그들을 뭉뚱그려 폭도라고 매도했지만, 호칭을 정확히 하자면 여청이라 표현할 수 있었을 것이다. 나는 그녀가 점찍은 주제에 매료되었다.

  이렇듯 이모할머니의 기억 방식도 내 모친과 별반 다르지 않았다. 반면 나의 경우는 좀 다르다. 연대기적인 방식으로 과거를 들춰본다. 여섯 살 이전은 흐리터분해졌으므로 뭉뚱그려 기억하고, 그 이후는 연도를 놓고 학년을 배열하며 내 삶을 관통했던 주요 사건과 나라의 우환이나 경사를 늘어놓는다. 그러면 얼기설기 게르 비슷한 기억, 임시 복원한 집이 완성되는 것이다. 우리 기억은 물 위에 뜬 개구리밥 같아서, 붙박인 존재가 아니다. 시간이 지날수록 퇴색

되거나 아예 사라지기도 한다.

　모친 일가에 남양군도로 징용 갔다 오신 어르신이 계셨다. 모친은 그 어르신이 굶주림에 상어가 출몰하는 바다에 길다란 천을 허리에 감고 들어가 작살로 고기를 쏘아 죽음을 벗어났다는 일화를 내게 말하곤 했다. 세월이 흘러 모친에게 물으니 징용을 다녀온 건 알아도 그 세부는 까맣게 잊고 있었다. 내가 가진 징용에 관한 세부적인 이야기는 다른 누군가에게 들은 것일까? 아니면 책을 통해 모친이 전해준 것으로 착각하고 있었을까?

　어떻게 기억해야 더 오랫동안 유지되고 신선하게 꺼내 감별할 수 있을지는 글쓴이도 모른다. 다만 나처럼 어느 촌부가 그때가 소화 몇 년이었더라 하는 식으로 연대기적인 방식으로 과거를 끄집어내는 사람들도 더러 볼 수 있었다. 그 두 가지 방식을 섞어 과거를 반추하기도 하는데, 많은 추억거리를 저장하는 방식으로 따진다면 날마다 기록하는 글쓰기가 최고의 창고일 것이다.

홀애비조새
유감

나의 지인 K 화백의 부인이 생태 관련 해설사 교육을 받을 때였습니다. 하루는 그 부인이 교육을 받던 중 강사에게 이런 질문을 던졌다고 합니다. "선생님, 홀애비조새는 정확하게 텃새인가요? 아니면 철새인가요?" 순간 수강생들의 시선이 일제히 그녀에게 쏠렸습니다. 강사는 잠시 당황한 듯했습니다. 강사는 그런 새는 처음 듣는다며 차분해 보이는 부인에게 웃으며 이야기했던 모양입니다. 그러자 그 부인이 말하길, "선생님, 분명 홀애비조새는 있습니다. 저희 남편이 분명히 말했어요."

사실, 그 남편이 알고 있는 홀애비조새는 내가 가르쳐준 것이었지요. 저는 또 어떻게 그 새를 알았냐고요? 저도 물론 수십 년 전에 어떤 연구사에게 들었지요. 그 새는 "호~래~비~조~오~오~시!" 하고 웁니다.

나에게 그 새 이름을 처음 가르쳐준 양 연구사는 고향이 강원도였습니다. 그는 늦은 나이에 대학원까지 마치고 당시 농업 관련 기관 연구사로 발령받아 온 지 얼마 되지 않았을 때였습니다. 어떤 일로 저와 함께 점심을 먹고 도지사 관사 숲길을 산보하고 있었지요. 그때 숲의 정적을 깨며 묘한 새소리가 들려왔습니다.

때는 늦봄이었고 햇살은 적당히 내리쬐어 점심 먹고 산책하기에는 그만이었습니다. 양 연구사는 아무렇지 않게 방금 운 새 이름을 아느냐며 가르쳐주었습니다. 그 이름을 들으니, 거듭 들리는 새소리가 더욱 처량하게 들리더라고요.

강원도 설악산 근처 마을에서 성장했던 양 연구사는 틀림없이 그 새를 정서적 문화를 공유해왔던 일가붙이나 마을 어르신들에게서 들었을 겝니다. 나는 그날 이후로 그 새의 울음소리가 들릴 때면 "먼발치에서 저렇게 우는 새는 홀애비조새입니다." 주변 사람들에게 늘 이렇게 설명해주었습니다. 확신하는 자의 말본새는 대개 그렇듯이 진지하면 쉽게 먹히기 마련이지요.

사람들은 처음엔 "에이, 그런 새 이름도 있수과?" 이렇게 반문하다가도 꺾어 우는 특유의 새소리 음성을 듣고 나서, 말하는 사람의 얼굴을 보고는 수긍합니다. 왜? 도저히 의심할 수 없는 낯빛으로 이야기하니까. 홀애비조새를 알든 모르든, 아니 이름을 잘못 알고 있다 하더라도 인생에 큰 문제 없이 잘 살아왔습니다.

강의실에서 후배 부인이 강사에게 홀애비조새의 존재 여부를 묻던 날. 후배, 그러니까 K 화백에게서 전화가 걸려 왔습니다. 형 때문에 각시가 강의실에서 완전 개망신을 당하고 자기까지 신용 없는 사람이 돼버렸다는군요.

검색해봤는데 그런 새의 이름이 없다는군요. "그럴 리가? 야, 그러지 말고 지금 검색해봐, 없어? 그럼 호라비조새로 검색해봐라. 아마 표준말로는 그걸로 됐을 거다? 그것도 없어. 아냐, 잘 봐봐. 분명 있어. 없어? 이상한데 어디 있을 텐데. 조새로 일단 검색해봐라. 그것도 없다고? 너 대체 스마트폰 어디 거냐?" 그놈한테서 별의별 수치스러운 말 다 듣고 나서 전화를 끊었습니다.

내가 직접 검색에 들어갔습니다. 이십여 분을 검색했습니다. 홀애비좆새, 호라비조새, 조새, 홀아비좆새, 호라비조새…… 나는 점점 열받을 대로 받다가 '씨방새'와 같은 마구잡이 검색어까지 치고 말았습니다. 정확히 그 늦봄, 양 박사가 가르쳐준 홀애비조새는 학명에 없는 것이 분명했습니다.

그러나 홀애비조새는 살아 있었습니다. 내가 가르쳐준 그 이름을 쓰는 내 지인들이 블로그나 페북 형태로 그 새를 보존하고 있었습니다. 누구든 한 번만 들어도 절대 잊어버리지 않을 홀애비조새는, 내 삼십여 년 인간관계 속에서 그 특유의 꺾어 우는 소리로 울고 있었습니다.

그 새에 대해 완곡하게 얘기하는 사람들이 이 지상에서 사라진 후에도 그 새를 지칭하는 일파는 남아, 언젠가는 속명으로 '홀애비조새'라고 표기할 날이 분명히 있을 것이라고 저는 믿습니다. 알고 보면 이 땅에서 처음 생겨난 것에 이름과 별칭은 괜찮은 끼어들기라고 말할 수도 있을 것입니다. 그 우스꽝스러운 사건이 있고 한참 훗날, K 화백의 부인은 남편에게 그 새가 '섬휘파람새'라는 것을 알려주었지요.

십년공부
도로아미타불

그러니까 이 이야기는 반세기 전에 있었던 일이다. 물론 나도 직접 보지는 못했고, 나에게 심각한 얼굴로 안타까움을 전했던 그 친구도 현장에는 없었으니, 사실 그 녀석이 또 누군가에게서 안타까운 목소리를 전해 들었을 것이라고 나는 추측하고 있다.

감옥에서 십 년 세월 동안, 남들은 무위도식하며 형기를 채우고 나가면 어떻게 하면 좀 더 큰 도둑으로 진화하고 또 어떤 방식을 취하면 자신을 감출 수 있을 것인가 고민에 골몰하는 사이에, 사람들이 전혀 관심 두지 않는 분야에 깊이 빠져 하사불성(何事不成)의 경지에 이르신 분이 계셨다.

그분의 이름을 전해 들은 바가 없으니, 그냥 통칭하여 아무개 씨라 부르겠다.

아무개 씨는 좁장한 감방 안에서 자기 양식을 나누어 개미들과 소통을 원하고 있었다. 차라리 그 시간에 아무개 씨가 성경이나 금강경을 필사했다면 좀 더 생산적인 시간을 보내지 않았을까 하는 참견을 해볼 수도 있다.

그것은 현재 입장에서 아무개 씨를 바라볼 때의 생각일 뿐이고, 새마을운동이 한창 벌어지던 당시 아무개 씨는 무학이었다. 그러니까 아무개 씨는 글을 몰랐고, 즉 자신이 할 수 있는 일이 그다지 없었다고 보면 된다.

아무개 씨는 감방 안에서 동료들에게 경원을 받아가며 면벽하거나, 하나님이 땅을 굽어보듯 날마다 감방 바닥을 돌아다니는 개미들을 찬찬히 살폈다. 그는 자기 몫으로 배당된 양식을 나누어 주며 개미들의 환심을 샀다. 조금 과장된 말에 따르면 개미들의 종족은 기본이고 성격, 혈액형과 가족관계까지 훤히 꿰뚫을 수 있을 정도가 되었다.

이렇게 되기까지 8년의 세월이 걸렸다고 한다. 그 사이 아무개 씨는 머리카락이 반백이 되었고, 시력도 많이 떨어져 개미 외에는 모든 것이 흐릿하게 보일 만큼 심각한 후유증에 시달렸다.

아무개 씨는 출소 2년을 앞두고 가장 젊고 영특한 개미 한 마리를 훈련시켰다. 개미는 제식훈련은 물론 텀블링까지 익혔다. 아무개 씨는 개미를 훈련시키면서 한글을 익히기 시작했고, 개미 또한 함께 배우기 시작했다. 교도소에서는 일주일에 한 번 편지를 쓸 수 있도록 종이와 연필을 지급했다. 아무개 씨는 갱지 두 장을 받아 각각 16등분한 후, 여러 사물을 지칭하는 낱말을 적어 바닥에 늘어놓았다.

「바다, 산, 어머니, 사랑……」

아무개 씨가 등분한 종이에 적힌 낱말을 호명하면, 개미는 재빨리 달려가 낱말이 적힌 종이 위에서 텀블링을 했다.

감방 안에는 여러 범죄자들이 들락날락했고, 아무개 씨는 금세 유명 인사가 됐다. 투자자를 모집하자 아무개 씨는 현금이 없는 재소자들로부터 주로 가치담배와 맛난 사식을 받았다.

드디어 아무개 씨는 만기 한 달을 앞두고 8•15 특사로 출소하게 되었다. 불행할 것도 없이 그 해 대통령은 자신의 최측근을 꺼내기 위해 대규모 사면을 단행했다. 10년을 더 살아야 할 경제사기범도 출소했고, 여러 해 형기가 남은 흉악범도 정문에서 두부를 게걸스럽게 퍼먹으며 미소를 흘렸다.

아무개 씨는 교도소 문을 나서며 짧막한 한마디로 그 감회를 정리했다.

"니미럴, 세상은 여전하구먼."

아무개 씨는 대도시로 가서 본격적으로 투자자를 찾기 위해 터미널로 향했다. 땡볕이었지만 사회 공기가 좋았는지, 아니면 지나가던 바른 여인 때문이었는지 아무개 씨는 근처 다방으로 들어섰다. 그날따라 마담은 더위에 지쳤는지 파리채를 들고 파리와 술래잡기를 하다가 아무개 씨를 심드렁하게 맞이하였다. 그녀는 한눈에 봐도 행색이 초라해 보이는 아무개 씨를 차갑게 바라보며 '커피'를 드시겠냐고 퉁명스레 물었는데, 남정네들은 그런 순간을 맞닥뜨리면 대개 욱하는 법이다.

"아니, 인삼차!"

마담의 수완 좋은 영업 덕분인지, 아니면 개미 뺵을 믿었던 아무개 씨의 허세였는지, 어쨌든 인삼차가 나왔다.

아무개 씨는 진한 향을 풍기는 인삼차를 들어, 눈을 감고 코끝으로 먼저 음미한 후 입에 한 모금 넘기며, 지난 십 년 세월을 순식간에 보상받는 듯한 착각에 빠졌을 것이다.

아무개 씨는 허름한 가방에서 둥근 용각산 통을 꺼내 탁자 위에 올려놓았다. 마담은 지루함을 달래던 껌 씹기를 멈추고 호기심을 가진 채 아무개 씨의 행동을 골똘히 지켜보고 있었다. 아무개 씨는 은색 용각산 뚜껑을 열고 개미를 집어 탁자 위에 살며시 놓았다. 바로 그때였다.

강한 팔목 힘줄에서 뿜어져 나온 파리채가 전광석화처럼 내리쳐졌다.

"요노모, 개미 새끼!"

아, 정말 어처구니가 없지 않은가. 애달픈 일이지만, 아무개 씨의 종말은 여기까지였다. 그 이후 이야기는 전해지는 바가 없다. 아무개 씨가 어떤 삶을 지속했는지, 마담은 또 어떻게 됐는지 전해지는 바가 전혀 없으므로 그 이야기를 접한 이들은 후일담을 완성할 수밖에 없을 것이다. 자, 당신이라면 어떻게 하겠는가? 아무개 씨가 되어 지금, 파리채 이후의 시간을 한번 살아보시라.

햇볕을
섬기는 집

　　　　　　　　　청하지 않은 것들이 마당에 터를 잡았다. 방울토마토 두 주와 피망 한 주이다. 몇 년 전에는 수박이 서너 주 자라나 그중에는 어린애 머리통만 하게 큰 것을 추석 차례상에 올리려 한 적도 있었다.

　우리 집 마당은 가로 열 걸음, 세로 다섯 걸음 정도이다. 평소에 거름이 되라고 먹다 남은 복숭아 씨앗, 옥수숫대, 문드러진 과일, 껍질 종류를 마당에 버렸다. 올해는 수박을 별반 먹지 않았나 보다. 수박을 자주 먹었더라면 그것도 몇 주 자랐을 텐데. 방울토마토는 성장 속도가 빨라서 이씨 부인(글쓴이의 어머니)은 여러 차례 잘 익은 것들을 골라 따기도 했다. 얼마 전 라면에 넣어 익혀 먹었던 토마토도 마당에서 자란 것이었다.

　글쓴이가 겪어보니 욕심부리지 않으면 어느 정도 부식거리를 충당할 수 있는 땅 넓이 기준을 좌우 열 걸음, 다섯 걸음 정도로 잡을 수 있었다. 물론 부부 기준이다. 상추는 겨울철을 제외하고 뜯고 또 뜯어도 남아돌 지경이다. 게다가 서양민들레도 열 포기 정도 자란다. 요 녀석들도 수시로 싹을 틔웠다가 스러지기를 반복하는데, 때가 맞으면 이파리를 따다가 된장에 찍어 먹어도 좋다.

　단독주택에 사는 소소한 기쁨이 이러할진대, 어디 흙 한 줌 없는 고급 아파트가 이에 비견할 수 있을까.

  땅의 기운이 좋아서 온갖 작물이 잘 자라는 것이라고 믿는다. 그 땅에 무언가 하나라도 심거나 파종하려면 반드시 대지주인 이씨 부인에게 허락을 받아야 한다. 무단 경작하면 숨 붙어 있는 것들이 제대로 자라지 못한다는 것을 경험으로 알게 되었다. 그 땅에 대한 이씨 부인만의 통치 법령이 있는지라, 눈길 밖의 세상은 통용되지 않는다.

  이씨 부인의 유일신은 태양이다. 마당에 그늘이 드는 것을 몹시 싫어하신다. 이십 년 전에 앞집에 화재가 발생했었다. 그 집에 살던 할머니가 촛불을 켜놓고 작업하다가 불이 이불에 옮겨붙어 집 안의 모든 가연물이 불쏘시개가 되었다. 누군가 소방서에 빨리 신고한 덕분에 화재는 금세 진화되었지만.

  할머니는 화상을 입고 병원에 입원했다가 얼마 지나지 않아 돌아가셨다. 그 후 집주인은 집 전체를 허물고 새집을 지으면서 기초를 더 높게 쌓았다. 앞집은 어린아이 키만큼 높아졌다. 햇볕을 숭배했던 이씨 부인의 탄식은 버릇이 되었다. 앞집과 담벼락을 맞닿은 마당 절반이 그늘지게 되었다. 이씨 부인의 안타까움에 동정이 가지 않는 것은 아니지만, 사람에게는 주거의 자유와 더불어 건축의 자유 또한 있지 않은가. 햇볕이 사라졌다고 앞집에 가서 따질 수는 없는 노릇이다. 정확히 말하자면 햇볕이 완전히 사라진 것은 아니었다.

  태양은 옆집 지붕 위로 떠오르는 오전 10시에서 12시 사이 두 시간과 오후 4시 이후 우리 집 서향 대문 너머로 질 때까지 그늘졌던 땅에 온기를 부리고 갔다.

아들은 어느 날 꾀를 냈다. 현관 앞 섀시문 유리 전면을 반사 거울로 바꾸었다. 이후 그늘지던 땅은 거의 사라졌다. 그 그늘에서 기생하던 돌미나리는 햇볕에 말라 죽었고, 달팽이류는 자취를 감추었다. 이씨 부인의 탄식은 여전히 사라지지 않은 채 대상을 바꾸었다. 그 집 장자가 통풍에 걸렸다는 소식에, 이씨 부인은 예의 그 장탄조로 긴 숨을 내쉰 끝에 이런 말을 했다.

"그것 보라, 들구 닭 시켜 먹단 보난 그거 아니가, 마당에 상추라도 하영 먹어시민."

가을비 긴 머리
처녀야

                  검은 코트를 입었는지, 코는 오뚝했는지, 쌍꺼풀은 있었는지, 모든 게 흐릿하다. 청계천에서 동대문 방향으로 걸음을 옮겨가던 내게 우산을 씌워준 여자는 지금껏 얼굴 생김새도 모른 채, 호의만 생생하게 남아 있다.

  군 입대 후 병장이 되어 포상 휴가를 나왔다. 11월 중순, 부대 앞뒤 산의 활엽수들은 완전히 낙엽이 졌다. 월동 준비로 해마다 하던 무연탄 작업, 싸리 빗자루 만들기, 김장독 묻기 등의 일정이 끝나자, 부대장은 모범 병사 두 명을 선발하여 일주일간의 포상 휴가를 보내주었다. 군에 입대한 지 15개월이 지나 나는 완전히 적응했고, 어느 정도 심적인 여유도 있었다. 부대에서 맡은 보직 외에 또 다른 임무가 있었다. 주말에는 부대원들의 머리를 깎아주는 일을 했다. 그 무렵에는 전우를 앉혀놓고 스포츠머리를 깎는 데 7~8분이면 충분했다. 거의 숙달된 솜씨였다. 부대 고참들은 나의 노고를 짐작하고 부대장에게 나를 추천했던 것이다. 같은 부대에서 시를 쓰던 페치카 당번병, K 고참과 함께 휴가를 나왔다.

  K 고참은 도봉동에 살았는데, 함께 점심을 먹고 헤어졌다. 나는 청계천에 책을 사러 갔다. 그때만 해도 중고서점들은 문전성시를 이루었고, 점포들은 어깨를 겯고 나란히 도열해 있었다. 대략 3만

원어치의 책을 샀던 것 같다. 아직도 기억에 남는 책이 있다면 역시 김수영 산문집(散文集)이다. 누가 오랫동안 봤던 모양인지 표지 모서리가 솔기가 비칠 정도로 닳아 있었고, 맨 뒷장 가격표가 나온 페이지에는 너덧 명의 전화번호가 쓰여 있었다. 한 손으로 들고 가기에는 버거운 무게였다. 장년의 서점 주인은 포장끈으로 묶는 데 일가견이 있는지, 익숙한 손놀림으로 열댓 권의 책을 이리저리 돌리면서 금세 단단하게 묶었다.

양손으로 들고 가기에도 다소 무거워 보였을까? 때마침 은행나무 가로수 꼭대기를 살금살금 건드리는 빗방울 소리가 들려왔다. 한참 동안 악에 받쳐 울던 미운 일곱 살 계집애가 제풀에 지쳐 울듯, 가을비는 스르릉 스르릉 내렸다. 서점 주인이 약한 빗줄기를 감안해 큰 달력을 뜯어내 책을 감쌌는데도, 나는 빗물이 책들 사이로 스며들까 은근히 걱정하던 차였다. 서점에서 나와 양손에 책을 든 채 비를 맞으며 걷고 있는데, 갑자기 내 머리 위로 내리던 비가 그쳤다.

"군인 아저씨, 어디까지 가세요?"

어떤 여자가 내 옆으로 다가와 우산을 씌워주며 그렇게 물었다. 나는 갑작스러운 상황에 놀라 옆을 바라보았다. 그녀는 옆모습만 보인 채 앞을 보며 명랑하게 말을 걸어왔다. 보이는 건 치렁한 긴 머리뿐이었다. 기습하듯 난데없이 다가온 긴 머리의 처녀 때문에 나는 얼굴이 붉어졌다. 처녀의 호의가 너무 낯설어서 나는 몹시 긴장했다.

"예, 저기 공항에 갈 겁니다."

"아, 그럼 동대문에서 지하철 타시면 되겠네요. 거기까지 바래다 드릴게요."

그녀의 목소리는 밝고 경쾌했다. 파마 기운도 없는 생머리가 걸을 때마다 내 왼쪽 팔뚝을 스치고 있었다. 그것은 마치 내 팔짱을 낀 듯한 환상에 사로잡히게 했다. 나는 부끄러워 그녀의 얼굴을 정면으로 쳐다볼 생각조차 못 했다. 곁눈질이라도 할까 싶었지만, 왠지 그녀의 호의에 불경스러운 마음을 품게 되는 것 같아 앞만 보고 걸었다. 꽤 먼 거리였다. 그녀도 누군가와 약속이 있어 나온 건 아닌지 생각하니 미안한 마음이 들었다.

나는 그때 그녀의 얼굴을 보지 못하고 빗물에 얼룩진 한쪽 어깨만 보고 말았다. 삼십 년이 넘는 세월이다. 그 난데없이 불쑥 찾아왔던 호의는 지금까지도 은은하고 살풋하다. 내가 맞아야 할 빗물을 대신 맞아준 어깨를 말려줄 시간은 지금 이 글을 쓰는 순간의 온기 속에 영원할 것이다.

보다 자유롭고
성실하게

그는 달필이었나 보다. 아니면 의뢰인의 인상을 보고 그 분위기에 맞는 가훈을 써줬을까. 심정적으로는 엊그제 같은데, 가훈 써주기 행사를 벌였던 채바다 시인의 일화도 벌써 이십 년이 훌쩍 넘었다. 유채꽃이 아롱아롱 필 때쯤, 채바다는 일출봉이 훤하게 바라다보이는 길가에 주말마다 자리 잡고 관광객들에게 가훈을 써줬다. 그는 테우(뗏목)를 타고 현해탄을 건넌 장본인이기도 하다. 그 테우의 이름은 천년호였는데, 당시 자신이 거주했던 북제주군이 아닌 서귀포시에 기증해 한동안 구설에 오르기도 했다. 수많은 복잡한 일들을 다 기억하지 못하면서도 그와 관련된 일을 기억하는 이유가 따로 있다. 가훈 때문이다.

아들이 초등학교 4학년 때였다. 어느 날 아들이 앉은뱅이책상에 앉아 숙제하다 말고 불쑥 제 엄마에게 물었다.

"엄마, 우리 집 가훈이 뭐예요?"

"가훈? 왜?"

"선생님이 숙제로 가훈을 써 오래요."

"그건 아빠한테 물어봐라."

나는 큰 달력을 찢어 옷을 입힌 책을 등 쿠션에 기대어 읽고 있었다. 일요일 늦잠 끝에 눈곱도 떼지 않은 상태였다. 각시가 불편해

할 내용은 그렇게 책을 감쌌다.

 책이 내 손에 들어오기 며칠 전에 나기철 선생과 송현우, 그리고 나 이렇게 셋이서 시청 뒷골목에서 삼겹살에 소주를 마셨다. 나 선생께서는 나와 현우에게 책을 사준다며 탐라서적에서 책을 고르게 했다. 그때 내가 골랐던 책은 새끼손가락 두께쯤 되는 『이혼의 역사』였다. 각시와 헤어지려고 관심을 가졌던 건 아니고, 순전히 지적 허영심의 발로였다. 나는 사방무늬가 연속되는 천장 도배지를 바라보며 가훈을 생각하다가 대뜸 그렇게 말했다.

 "보다 자유롭고 성실하게!"

 그렇게 즉흥적으로 말하곤 다시 글줄로 집중하는데 각시가 호들갑 떤다.

 "와, 정말 멋진 가훈이다."

 애 엄마가 호들갑을 떨면 좋은 일이다. 아들은 아비가 어렸을 때와 달리 숙제를 잘하는 편이었다. 그런 성실성이 약간은 바탕이 되었을 것이다. 당시만 해도 초등학교 분위기는 별의별 명목으로 이름 지을 수 있는 모든 것에 명칭을 붙여 상을 주었다. 2주 후에 아들은 상품 없는 상장을 받아왔다. 잘 지은 가훈 우수상. 학생들에게 동기 부여하는 측면에서 상을 주는 건 백번 온당하다. 허나 부상으로 연필 한 다스라도 주면 어디 학교 재정이 바닥날까. 나는 그즈음 진짜 상과 가짜 상을 구별하는 방식의 하나로 부상을 기준 삼았다. 그때 어느 어간이었을 것이다. 아버지는 근면, 성실, 정직이라는 제목으로 가훈 액자를 두 개 만들어 말젯댁에도 걸어놓게 했다.

나는 가훈이 꼭 필요한 대상은 아니라고 생각하는 편이다. 이북의 세습왕조 유습 같아서 진부하게 느껴진다. 식구들을 옴짝달싹 못 하게 감시하는 경직된 사슬 같아서 그런 게 영 싫었다.

가훈을 아들에게 말하고 나서 2년 후에 사업 때문에 따로 살기 시작했다. 혼자 살기 시작하니 처음엔 적응이 잘 되지 않았다. 술만 마시면 아이들이 수시로 보고 싶어 울적했다. 시간이 조금 지나니 나는 물 만난 고기처럼 활달해졌다. 술을 마시면 아이들이 보고 싶어 자주 늦은 밤에도 처가가 있는 이호로 갔다. 그때는 펜션을 짓기 전이라 장모댁에서 생활했다. 술을 많이 마시면 이호에 가는 습관이 생긴 탓일까. 어느 날 잠에서 홀로 깼다. 그때 나는 낯익지만 낯선 가훈을 보고 말았다. 책상에는 붓글씨로 쓴 조그만 가훈 액자가 있었다. 나는 그 가훈을 찬찬히 읊어봤다.

"보.다. 성.실.하.고. 자.유.롭.게."

나는 가훈을 읊조리자 갑자기 숨이 막혀왔다. 볕이 들지 않는 어둑한 방 안이 관짝처럼 갑갑해서 들창을 열고 가래를 끌어모아 담벼락에 푸, 하고 뱉어냈다. 각시가 성실과 자유를 뒤바꿔놓았다.

따로 사는 동안 나의 가훈은 사라지고 각시 가훈이 한 가정을 지배하고 있었다. 처가 집안은 텅 비어 아무도 없었고, 나는 새로운 가훈을 입안에서 연신 굴리면서 자꾸만 터져 나오는 웃음을 참을 수가 없었다.

저,
김태원입니다

                        그것은 삼십여 년 전의 일이다. 나는 대기업 자동차 영업사원으로 밥벌이하고 있었다. 일요일 당직이라 전시장에 앉아 팔짱을 낀 채 무료하게 텔레비전을 보고 있었다. 그때 전시장 안으로 대머리 할아버지가 들어왔다. 노인은 온양에서 왔다며, 관청에서 수맥을 봐달라는 요청이 있어 출장 왔다며 자신을 소개했다. 노인은 내가 습관적으로 건네준 명함을 골똘히 들여다보더니, 한자가 어떻게 되느냐고 물었다. 내 말이 끝나자 노인은 혀를 끌끌 차며 안타깝다는 듯 고개를 가로젓고 한숨을 내쉬었다.

"성명에 매가리가 없어. 그저 사람 좋기만 하지. 다 흘려버리네. 가둬놓을 게 없으니, 채울 일만 생기는 거지."

노인은 손가방에서 꺼낸 수첩에 나의 생년월일시와 이름 석 자를 한자로 써놓고는 무언가를 속으로 중얼거렸다. 깨달은 듯 눈을 로비 천장에 고정했다가 다시 수첩의 내 이름을 보곤 했다.

내가 태어났을 때 어머니는 탁발 나온 스님에게 보리쌀 한 말을 내주고 이름을 받았다. 시주했던 보리쌀은 어머니가 나를 뱃속에 품고 초여름 근동 밭에서 힘겹게 장만한 양식이었다. 그때까지 내 이름 석 자는 보리쌀과 스님을 통해 이어져 있었다.

내 사주에는 강한 이름이 필요하다고 노인은 말했다. 노인은 오래된 서책을 꺼내고 안경을 바꿔 썼다. 담배 한 개비 태울 시간 동안 노인은 여러 한자를 조합하기를 거듭한 끝에 이름 석 자를 노트에 적어 내 앞으로 돌려놓았다. 김태원은 그렇게 해서 태어났다.

"잘 봐보게. 대명천지에 김태원이란 이름 가진 사람치고 성공하지 못한 사람은 없네. 자네 사주와 최상의 궁합을 이루는 이름이네."

나는 내 앞으로 돌려놓은 김태원이라는 한자를 뚫어지게 바라봤다. 결기가 느껴지는 노인의 말투 때문인지 몰라도 왠지 스름스름 힘이 북돋는 기분이 들었다. 노인의 말은 계속됐다.

"자네 주변으로 조만간 사람들이 모여들 걸세. 클 태, 으뜸 원, 김태원. 이 이름을 세상에 알리려면 동트기 한 시간 전에 사람들이 가장 많이 다니는 다리를 골라서 다리 기둥 앞뒤로 개명한 이름을 붙여야 할 걸세."

그날 노인은 내게서 5만 원이란 거금을 강탈하듯 건네받고 나갔다. 당시 철학관에서는 돈 만 원이면 이름을 지을 수 있었다. 나는 노인이 기다란 봉투 안에 김태원이라고 쓴 화선지를 탁자에 펼쳐놓고 '태원 태원' 하며 거듭 중얼거려봤다.

해가 뜨기 전에 화선지에 쓴 개명한 이름을 다리에 정해서 붙이기도 쉽지 않았다. 나는 머릿속으로 시내의 모든 교각을 어렵게 헤집고 다녔다. ○○파출소 앞 다리를 떠올린 것은 근무처와 가까웠기 때문에 당연했다. 노인에게서 개명을 받고 사흘이 지나 나는 해도 뜨지 않은 새벽에 개울가로 내려가는 길을 찾았다. 간밤의 이슬로

인해 천변의 사탈진 둔덕은 매우 미끄러웠다. 나는 말라붙은 개울가 바위를 주섬주섬 톺아 돌아가 첫 교각 기둥에 화선지를 붙이려고 위치를 조준하고 있었다. 그때 불길한 기운이 스쳤다. 누군가 먼저 작업한 흔적이 눈에 들어왔다.

「송태원」

성미 급한 누군가가 캄캄한 밤중에 와서 복사 용지에 유성펜으로 두껍게 쓴 송태원이란 이름자를 교각에 붙였던 것이다. 나는 망연자실하여 그걸 바라보는데 점점 화가 머리 꼭대기로 솟구쳤다. 화선지에 쓴 김태원은 그 자리에서 능지처참형을 당했음은 물론이었다.

노인에게서 개명 받은 그날 이후 D초등학교 맞은편 XX병원 길가 위쪽으로 태원이란 이름을 세 사람이 가졌다는 사실을 알게 된 것은 얼마 지나지 않아서였다. 과일가게 송태원, 반점 사장 박태원, 그리고 나 김태원이었다. 이미 수 분 거리의 로타리에는 오래된 태원약국도 있었다. 그러고 보니 영화사 '태원영상'도 있고, 부활의 김태원도 있지 않았던가. 나의 해프닝을 안 친구들은 한동안 나를 만날 때마다 태원 선생이라 부르며 키득거렸다. 대머리 영감의 신력 탓인지, 그 이후 반점 사장 박태원은 그 자리에 번듯한 5층 건물을 올렸고, 과일가게 송태원은 이태 정도 있다가 대형마트로 확장했다. 물론 그들이 현재까지 개명한 이름을 그대로 쓰고 있는지는 나도 모르는 일이다.

다시,
당신에게

늦은 외출 끝에 돌아와 낡은 미닫이문을 엽니다. 불도 켜지 않고 바람벽에 기대앉습니다. 창가에서 담팔수가 어른거리는 실루엣이 보입니다. 오래도록 주인 없는 방을 들여다본 듯하군요. 시각은 삼경하고도 한 식경은 더 지난 듯합니다. 벽시계의 똑딱거리는 초침 소리에 정신은 오히려 말똥말똥합니다. 평상시 소주 두 병에 맥주 세 병이면 혀가 꼬이곤 했지요. 오늘은 왠지 취기가 저를 비껴가는군요.

어둠이 고인 방 안은 괴괴합니다. 가끔 도둑고양이처럼 들어와 제 방에서 벽에 기대앉아 시간을 감고 푸는 놀이를 하다가 잠듭니다. 지나간 옛일로 내 생각은 활개를 치지요. 늘 빠지지 않는 버릇 중 하나입니다. 연도와 나이를 환산하여 현재의 나이를 감지하는 게임인 거죠. 가령 할아버지는 헤밍웨이와 나이가 같은데, 헤밍웨이가 자살로 생을 마감하던 해에 할아버지는 위염을 지독하게 앓고 있었다. 할머니가 태어나던 해는 아관파천이 일어났고, 그때 증조부는 스물여덟이었고 혼인을 했으나 아직 아이는 없었다. 그 나이에 저는 결혼을 앞두고 불면을 앓고 있었다. 이런 식이에요.

그대가 아버지의 자전거 뒷안장에서 소금기 실은 바람을 맞으며 읍내로 나갈 때 즈음에 저는 막 이십 대에 접어든 청년이었죠. 저희

부모님은 40대 중반이었고요. 그 나이에 저는 몹시 힘든 시기를 보냈고요. 늘 이런 식으로 가까운 사람의 나이와 시대, 정황을 곱씹어보는 버릇은 오래된 습관이지요. 어둠의 아귀 속에서 나를 닳게 했던 시간들을 풀어놓았다가 다시 짜맞추는 일은 당신이 갖고 싶다던 야광귀와 짝이 되는 일일지도 모르겠습니다. 아마 이소재에서 듣던 장사익의 어떤 음조가 그대에게 그런 생각을 갖게 했듯, 연고 없이 갑작스레 벌어지는 일은 아니지요.

어둠에 눈이 익어가자 초췌한 사내의 행색이 서서히 드러납니다. 확장된 동공의 눈에 내 온기와 체취가 묻어 있던 옷가지와 책이 들어옵니다. 전등 스위치만 올리면 그것들은 재빨리 일상으로 돌아가겠지요. 흔하지 않은 상황을 한 번씩 상기하는 이유는 소화되지 못한 시간들을 되새김질하는 거예요.

인간의 노화가 시작되는 나이가 스물다섯이라고 했던가요. 그대는 어린 왕자 별에서 전망 좋은 방을 만들어놓고 성장을 멈춰버린 장미의 나이를 스물다섯으로 한정해뒀지요. 이역의 공항에서 그대의 우묵하게 패인 눈동자, 생로병사를 달관한 우물물 같은 눈빛을 보았었지요. 아, 그것은 갈망하는 눈이 아니라, 바닥을 드러내지 않으려 견디는 샘이기도 했어요.

셰익스피어가 그런 말을 했던가요? "사랑은 짧은 세월에 변하지 않고 운명이 다할 때까지 견디는 것"이라고 말입니다. 세상을 껴안고 사랑하는 일이란, 종내 견뎌내는 절박한 일이기도 하지요. 내 살아가는 일생이 그대 우물물 같은 눈빛으로 잘 젖어들 수 있다면,

비로소 그대가 갖지 못한 99필이 인질이 되어버린 한 필의 무명을 자아올릴 수 있지 않을까요. 소용이 닿지 않던 99필의 무명이 한 필을 얻음으로써 날개를 달게 되었으니, 한 필 무명으로 당신은 되살아나는 설문대할망이 될 것입니다.

  당연하게도 그 설문대할망은 일상에서 살아 있는 여인일 것입니다. 한가위에 쓰러진 벼포기를 일으켜 세우는 식구들과 툇마루에서 전을 부치던 당신이 그렇고, 새벽 세 시의 알람을 염두에 두는 신데렐라는 또 어떤가요? 게리 무어의 하이코드를 넘나드는 엄지 검지에 열광하는 튼튼한 심장도 그렇습니다. 종이 건반 위에서 흩날리던 생머리의 리듬 따라 입 모양으로 부르는 노래들은, 모자란 한 폭 무명을 길쌈하는 행위처럼 여겨집니다. 자유로운 영혼을 가진 제5원소인 '나'라는 질료를 가지고 말입니다.

  우리가 시차를 두고 즐겨 마시던 연암골 능수매화는 져버린 지 오래입니다. 그러나 아직도 그 시간은 언제든 되부르면 가슴 속에서 실밥 터지듯 소리를 내고 있지요. 그 봄밤, 틉틉하게 밀려오던 안개와 묻혀버린 달빛을 믿을 수 있을 것 같습니다. 이제는 익숙하게 토끼풀 반지도 잘 엮어낼 수 있을 듯하군요. 당신이 질투를 느끼던 겐조 향도 언젠가는 사라지겠지요. 영원한 25세에 성장을 멈춰버린 장미여. 부디 사라져버린 것들을 건져내는 일이 당신이 해야 할 책무임을 잊지 마세요. 남은 생에서 스스로의 신화를 만들어가는 옷 한 벌을 지으시기 바랍니다.

  근처 절간에서 새벽 예불을 드리는 타종 소리가 들려오는군요.

어여 이부자리를 밀치고 일어나서 남편의 모닝커피를 준비하세요.
이제 불을 켜겠습니다.

혼다 오토바이에게
안부를 묻다

군에서 전역했는데, 집에는 80cc 낡은 오토바이가 있었다. 아버지가 가끔 타고 다니셨지만, 그즈음 거의 마당 한구석에서 방치된 채로 있었다. 1989년이었다. 아직 승용차가 대중화되기 이전이었기에 오토바이는 흔전만전이었다. 아마 내 생각에는 오토바이에서 자동차로 국민 생활 수준이 향상되어갈 무렵이었던 것 같다. 아버지는 그 오토바이로 출근하지 않고 버스로 출퇴근했다.

어느 날, 나는 문득 그런 생각이 들었다. '오토바이를 배워야겠다. 어쩌면 저게 내 생활을 바꾸어놓을 수 있을지 모른다.'라는 어떤 지극한 생각이 든 것이다. 사실 자전거는 중고등학교 시절 곧잘 탔지만, 오토바이는 그것과는 전혀 다른 위험이 엄존해 있을 것 같아서 감히 탈 생각을 하지 못했다.

파란색 오토바이는 군데군데 칠이 벗겨져 녹이 피어 있었고, 검은색 레자 안장 또한 찢어지고 헤져 그 안에 땟국물 진 스펀지가 드러나 있었다. 오토바이의 양쪽 손잡이를 잡고 발판을 젖혀 바로 세우자, 허리를 통해 허벅지에 몰리는 묵직한 무게가 이제 갓 제대한 젊은이를 주눅들게 했다. 오토바이를 옆구리에 세운 나는 마당에서 고개를 자꾸 갸우뚱거리며 녀석을 체감했다. 쉽사리 오토바이를 끌고 나가 시동을 걸고 천천히 운전해볼 엄두가 나지 않았다. 겉보기에는 별 볼 일 없는 것 같은데, 쇳덩이로 이루어진 오토바이를 탄다는 게 무섭게 느껴졌다.

어느 날 마음먹고 동네 사는 친구에게 전화를 걸어 오토바이를 탈 줄 아느냐고 물었다. 친구는 초중고를 함께 나왔고, 내 외사촌과 육촌지간이었다. 즉, 나하고는 사돈뻘이 되는 셈이었다. 양쪽 집안도 잘 알고 지냈다.

봉철이는 "오토바이도 못 타는 사람 있나?"라는 반문으로 은근히 나를 멸시하는 말을 했다. 나는 잠깐 봉철이에게 오토바이를 배워달라고 졸라서 해안도로에서 이삼일 동안 주행 연습을 했다. 그 당시 레포츠 공원 카페촌은 인적이 드물었을뿐더러 가게도 많지 않았다. 내가 여태 기억하는 건 '가리온'이라는 카페 하나였다.

오토바이를 배우기에는 안성맞춤이었다. 봉철이는 오토바이 시동 거는 법, 기어 넣는 법, 액셀 당기는 법과 브레이크 잡는 법 등을 하나하나 가르쳐주었다. 봉철이는 나를 뒤에 태우고 천천히 가다가 속도를 내면서 2단, 3단을 넣으며 속도가 변하는 과정을 체득하게 했다. 이윽고 속도를 줄이면서 턴을 하여 방향을 바꿔, 왔던 길을 되돌아가면서 주의 사항 같은 것을 일러주었다. 자전거를 탔기 때문에 어렵지는 않았다.

봉철이는 나랑 자리를 바꿨다. 나는 처음부터 다시 시작해보았다. 안장에 앉아 시동을 걸고 오른발 뒤꿈치에 힘을 주어 1단을 넣고 왼손을 풀자 무거운 쇳덩이가 스르르 뱀처럼 움직였다. 봉철이는 겁먹지 말고 서서히 액셀을 잡아당기라고 소리치며 시선은 정면을 보라는 당부를 잊지 않았다.

원래 무엇이든지 처음 배울 때는 주변 사물들이 호의적이지 않은 법이다. 나는 고개를 들자 서녘으로 지는 태양이 벌겋게 물들인 바닷물이 불안했고, 수평선 아래로 가로지르는 도로 벼랑이 자꾸 신경 쓰였다.

액셀을 잘못 조절하면 곧장 벼랑으로 치고 나가 비죽비죽 험하게 솟은 현무암 바위에 부딪혀 몸이 망가질 것을 순간 상상한 것이다. 자연히 등에서 식은땀이 났고 몸은 바짝 굳었다. 봉철이가 그걸 느꼈는지 옆구리를 쑤시며 겁내지 말라고, 급하면 자기가 뒤에서 통제할 수 있으니 힘 빼고 운전하라고 했다. 몇 번 운전을 하고 나니 황소 같던 쇳덩이가 어느새 유순한 망아지로 변했다. 파란색 낡은 오토바이 타는 법을 배우고 나서 얼마 후에 빨간색 혼다 125cc를 중고로 구입했다.

나보다 두 달 늦게 태어난 사촌은 병무청에 다녔다. 사촌은 전기기능사 자격증이 있어서 취직한 지 얼마 되지 않았다. 사촌은 내가 중고 오토바이를 사려고 애쓰며 눈이 벌게지도록 주변을 수소문하고 다니는 것을 알고 직장 동료를 소개해줬다.

내가 병무청에서 혼다 오토바이를 보러 갔을 때, 주인은 다소 부실해 보이는 파리한 인상으로 병무청 뒷마당에 나왔다. 나는 그의 얼굴을 보자마자 오토바이를 사기로 마음을 어느 정도 굳혔다. 즉, 자기 물건을 선병질적으로 관리해왔을 거라는 믿음이 단박에 들었다.

아니나 다를까. 붉은색 혼다 오토바이는 맑은 햇살 아래 깔끔한 모습으로 서 있었다. 사고는 한 번도 없었고 엔진 오일은 주기적으로 갈았으며, 뒷안장에는 무거운 짐은커녕 사람조차 제대로 태워본 적이 없다고 그는 말했다.

우리 아버지가 타던 파란색 오토바이와는 달리, 경건하고 근엄하며 섹시하고 날렵한 형태를 모두 갖춘 녀석이 거기에 있었다.

사촌은 혹시나 구전이라도 있을까 싶어 있지도 않은 오토바이 흠집에 대해 얘기했지만, 내 귀에는 들리지 않았고 챙겨 간 40만 원이 든 봉투만 호주머니에서 꽉 잡은 채 녀석에게 홀딱 반한 눈빛을 보내고 있었다. 사촌은 그 가격에서 조금이라도 흥정하여 저녁 밥값이라도 내게 챙겨주고 싶었는지 모른다.

나는 사촌의 이야기가 다 끝나기도 전에 하관이 빠르고 파리한 얼굴의 주인공에게 반으로 접힌 봉투를 건넸다.

"세보십서."

혼다에 올라 이것저것 잠깐 살펴보다가 시동을 걸었다. 혼다가 내 손에 들어오자, 일상이 바뀌었다. 직장 출근이 빨라져 아침이 여유로워졌다. 최소한의 아침 공백 덕분에 십여 쪽 읽을 시간이 생겼다. 평소 신제주로 출근하는 데 시내버스로 30분 걸리던 시간을 10분 이내로 단축했으니, 혼다 오토바이의 공로는 최상이라 할 만했다.

액셀, 브레이크, 기어 넣는 앞뒤축에 익숙해지자 나는 날라리가 됐다.

"야! 어디? 서귀포? 좋아."

"맹옥아, 오늘랑 빨리 가라, 무싱거 어떵, 취했다고?"

혼다를 끌고 많이 다녔다. 특히 습지를 자주 다녔는데, 습지 식물에 대한 관심이 많았기 때문이다.

속된 말로 이리저리 혼다에 의지하며 많이 다녔다. 당시 3천 원어치 기름을 넣으면 열흘 이상을 탔다. 기름값이 현재와 같지 않았고, 오토바이는 자동차와 달리 기름값 걱정을 할 필요가 없었다. 어떤 면에서 보면 팍팍한 지금 생활보다 그때가 훨씬 나았다고 생각한다. 당시 한섬문학회가 있었다. 1기는 김양수 선생이 회장을 맡았고, 2기는 그해 입학한 고정국 선생이 맡았다. 한섬은 방송대 국문과 출신이 많았고, 타과에서도 가입했다. 나는 90학번으로 2학년에 편입했다. 7월이었던 것으로 기억된다. 한섬 2기 회원을 모집한다는 얘기를 들었다. 당시 방송대 학습관은 시민회관 농협 옆 골목에 자리하고 있었다. 과거 북제주군 교육청이 있던 자리였다. 나는 퇴근 후 부리나케 오토바이 액셀을 당겨 한섬 2기를 결성하던 학습관으로 향했다.

가방에는 세 편의 시작품을 원고지에 정서하여 넣어두고 있었다. 귀향 정서를 다룬 「애수」와 군 훈련소 행군 중 넘던 「눈물고개」, 그리고 초현실적인 주제를 다룬 또 한 편의 시가 있었다.

지금 보면 형편없는 작품이지만, 당시 나는 나름 여러 번 퇴고하며 쓴 시였다. 조금 늦었는지 학습관에는 1기와 2기 모두 없었다.

알 만한 사람에게 물으니 함덕해수욕장에서 합평회를 한다고 했다. 만일 내게 오토바이가 없었다면 나는 그곳까지 갈 생각조차 못 했을 것이다. 까짓것, 30분이면 갈 거리인데 가보자. 벌건 헬멧을 쓰고 달렸다. 지금도 나는 자동차 속도를 좀체 내지 않지만, 그때도 80킬로 이상은 달리지 않았다.

다소 치기 어린 서정이었지만, 처음으로 나는 퇴고를 통해 한 편이 어떻게 완성되는지 체험했다. 함덕해수욕장에 오토바이를 세우고 일행들을 찾았다. 막상 찾아보니 2기가 아닌 1기였다. 김양수 회장은 파란 양복을 입고 있었고, 합평은 한창 진행 중이었다. 양수 회장은 비록 내가 잘못 찾아왔지만, 한 식구니까 오늘은 그냥 함께 하자며 나를 받아들였다. 작품은 각자 써 온 작품을 복사해서 돌려보고 서로 의견을 말했으며, 마지막으로 회장이 작품에 대해 정리하는 방식이었다.

나는 쭈뼛거리며 가방에서 시 작품을 꺼내 김양수 회장에게 말을 건넸다.

"회장님 낙서를 갖고 왔는데 조금 봐주십시오."

물론, 나는 겸손을 생각해서 한 말이었다. 김양수 회장은 나를 빤히 바라보다가 "내가 낙서 보는 사람이냐?"라는 말로 받아쳤다. 선생은 평소 말투가 그런 식으로 까칠한 사람이란 걸 나중에야 알았다. KBS 기자는 당시 움직이는 권력과 같은 존재로 여겨졌다. 회장은 세 작품을 곰곰이 읽어보더니, 이 중에서 시 형식에 부합하는 건 「애수」라고 말했다. 회장이 원형적 심상이 어떠니 저쩌니 하던 말을 했던 것이 기억난다.

며칠 후 한라산 등반대회가 열렸다. 나는 그때 바쁜 일이 있어 참석하지 못했다. 당시 가깝게 지내던 숙희 누나가 나중에 그런 말을 전했다. 하산해서 내려올 때 여러 동인들 앞에서 내 시에 대해 칭찬을 많이 했다는 것이다. 드러내놓고 좀처럼 칭찬을 하지 않던 분이라는 것을 숙희 누나는 곁들여 얘기했다.

합평회 날 뒤풀이하다 차가 끊기면 회원을 뒤에 태워 어음을 갔고, 때론 부모님 심부름으로 서문시장에 바닷고기를 사러 갔다. 결혼하고 신혼여행을 다녀왔더니, 혼다가 날개라도 단 듯 사라지고 없었다. 그즈음 고장도 나기 시작했지만 아직 탈 만하다고 느꼈는데, 경찰서에 신고해야 하나 말아야 하나 고민하다가 그냥 놔두기로 했다.

험하게 타서 낡았고 여기저기 손볼 곳도 많아, 가져간 놈도 꽤나 고생할 것이라는 자기 방기적인 변명이 있었다. 혼다를 운전하고 가다 눈길에 미끄러지기도 했고 담벼락에 들이받기도 했지만, 내 몸이 크게 다치지 않은 경미한 수준이었다. 돌이켜보면 혼다는 만 3년 이상 나를 잘 모셔준 애마였다. 지금도 가끔 혼다를 생각하면 중저음에서 부드럽게 끓어오르는 가래 끓는 소리가 먼저 떠오른다.

내 혼다를 인수해 간 생면부지의 사람은 잘 지내고 있을까? 혼다는 다시 용광로를 거쳐 어떤 물건으로 유용하게 태어났을까? 그게 아니라면 눈에 띄기 힘든 어느 한적한 구렁에서 아직도 녹물을 흘리고 있을까?

겨울에는 서북풍에 얼굴을 베이고 여름에는 산들바람을 맞으며 볕 좋은 중산간을 달리던 혼다와 젊은 날의 나에게 안부를 전하고 싶다. 여전히 그 시절은 잘 살고 있는 거지?

구릿대 아래
꺼병이들을 생각했다

　　　　　　주룩주룩 쏟아지는 빗소리가 잠의 문턱까지 쫓아왔다. 이불 밖으로 드러난 맨살 어깨가 시렸다. 비가 오면 느껴지는 이상한 안도감은 아마 재선충 현장에서 일하던 습성 때문일 것이다. 어쩌면 그보다 더 오래된 생래적인 태도일 수도 있으리라. 올 장마는 제대로 몸가짐을 할 것인가? 장마다운 장마를 겪어본 지 오래되었다. 나는 곧장 일어나지 않고 모로 누워, 이제 무엇을 할지 굳이 생각하지 않기로 했다.

　나는 빳빳한 가지를 펼치고 서 있는 왕대 같은 구릿대 아래 오들오들 떨던 꺼병이들을 생각했다. 지금쯤이면 녀석들도 날갯죽지에 제법 근력이 붙어 열 걸음 보폭 정도는 충분히 날아갈 수 있을 터였다. 매년 이맘때면 지적도를 들고 죽은 소나무를 찾아 들판을 샅샅이 뒤졌다. 4, 5월이 꿩의 산란기라면 6, 7월은 알에서 깨어난 꺼병이들이 몸집을 키우는 때였다. 물론 때늦게 7월에도 산란한 알이 보이기도 했다. 이 시기를 운 좋게 넘긴 꺼병이들은 천수를 누릴 확률이 높다.

　잘 날지 못하는 녀석들은 천적의 밥이 되거나 부모를 잃고 굶어 죽기 일쑤였다. 정확한 통계는 없지만 십여 개의 알 중에서 살아남는 개체는 얼마 되지 않았다. 들판을 휘적이며 다니노라면 대여섯 걸음 앞에서 매미 떼처럼 사방으로 흩어지는 꺼병이 무리를 자주 보곤 했다. 아직 죽지가 약해 발치에서 허둥거리는 꺼병이들을 두어 마리씩 잡아 놀다가 풀어준 적도 많았다.

 십 년 전쯤 있었던 일이다. 애월 상가리 인근 현장에서 작업 중 점심시간을 맞았다. 동료 K가 나무를 자르다 꿩알 십여 개를 발견하고 가져왔다. 버너를 켜고 냄비에 물을 올려 꿩알들을 넣었다. 대체로 그렇지는 않았지만, 산판일을 하는 사람에게는 지켜야 할 불문율이 있었다. 날짐승의 알을 줍지 않는 이들이 꽤 있었다. 그것을 비린 행위로 간주했던 것이다. 처음부터 그랬던 건 아니었다. 아름드리나무를 자르고 쌓아 트럭에 실어 이동하는 일련의 작업은 굉장히 위험했고, 사고 발생 시 치명적이었다. 일을 하면서 어느 날 문득, 다른 생명을 해치는 일은 하지 말아야겠다는 생각이 들었다.

 예닐곱 명이 둘러앉아 집에서 싸 온 도시락을 먹고 있었다. 갑자기 어디선가 날개가 파닥거리는 소리가 들렸다. 나는 근처에 새가 올가미에 걸린 건 아닌가 싶어, 밥알이 불룩한 얼굴을 들어 주변을 살펴봤다. 잘못 들었나 싶어 찬합에 고개를 숙였는데, 이번에는 아까보다 더 또렷하게 들렸다. 그 소리가 나는 곳은 오래된 산담 위였다. 버너 위에 놓인 양은 냄비는 펄펄 김을 내뿜으며 끓고 있었다. 아, 나는 그때 깨달았다. 저것들이 날갯짓을 했구나. 뜨거움을 견디지 못해 비명을 내질렀구나. 살려달라고 울부짖고 있었던 거구나.

 K는 산담 위에 있던 양은 냄비를 들고 내려왔다. 뚜껑을 열어 더운 김을 내뿜는 물을 따라 버린 뒤, 갈색 반점이 무수히 박혀 있는

알 하나를 꺼냈다. 그는 손가락을 호호 불어가며 때 낀 손톱으로 알 껍질을 벗겨냈다.

아, 그때 나는 보았다. 순간 가슴 한구석이 철렁했다. 몸을 웅크린 채 죽어 있는 검은 새가 나왔다. 솜털 덮인 머리와 검은 날개, 붉은 발가락이 보였다.

K는 "아- 씨발"을 외치며 그것을 풀섶에 던져버리고 다른 알 하나를 집었다. "아- 씨발… 아- 씨발… 아- 씨발… 아- 씨발…"

어미가 하루만 더 품어주었더라면 모두 깨어날 아이들이었다. 열두 마리가 모두 목숨을 잃은 후에야 세상 빛을 본 것이었다. 나는 진작 K의 행동을 말리지 못했던 것을 후회했다. 그 2년 뒤에 K는 거목을 자르다가 깔리는 사고를 당했다. 그 두 사건을 연관 짓는 것은 터무니없는 일이었으나, 나는 자꾸 끓는 냄비 속에서 아우성치던 꺼병이들이 떠올랐다.

아들은 언제
아비를 닮을까

임플란트를 해야 한다며 아들에게서 전화가 왔다. 그것은 목돈이 필요하다는 뜻이었다. 녀석은 지금 학교 행정실에서 아르바이트를 하고 있다. 행정실에 근무하는 내 친구가 일부러 학적부를 뒤져 아들을 스카우트해 갔다. 애초에 일을 많이 시키려고 데려간 게 아니라, 다른 곳보다 시급을 많이 주기 때문에 조건이 맞는다면 아들을 채용시켜주려는 의도였다고 한다.

아들이 아르바이트를 다니기 시작한 후 취직시켜준 친구를 만났는데, 눈치 빠르고 부지런해서 직원들이 좋아한다는 말을 들었을 때 기분이 나쁘지는 않았다. 그로부터 석 달 정도 지났다. 그사이 아들은 집을 나가 학교 근처 원룸에서 기거하고 있었다.

나는 평소에 잔소리를 잘 안 하고 아들을 봐도 데면데면하게 대하는 게 본래 내 성격이라 하고 싶은 대로 놔두는 편이었다. 입 아프게 이래라저래라 간섭하는 게 귀찮아서 그러는 것이지, 여느 집 모범 가장처럼 자주적으로 살아라 마라 하는 의도와는 전혀 무관했다.

이런 방식을 두고 안 씨 친구는 내게 잔소리를 하곤 했다. 그렇게 아들에게 무관심하게 대하면 안 된다고. 그럴 때마다 난 무관심한 게 아니라, 그냥 내 성격상 간섭하지 않는 것일 뿐이라고 대답했다.

내 주위 사람들은 우리 부자를 보고 전혀 닮지 않았다고 자주 말하곤 했다. 사실 그렇지는 않다. 아이들 외모는 성장하면서 수시로 어미와 아비를 왔다 갔다 하면서 닮아간다. 내 아들은 태어나 기어다니고 걸을 수 있게 되었을 때는 사람들은 애비를 빼닮았다고 했다.

아들은 초등학교를 거치고 중학교 졸업할 때가 되면서 외탁하기 시작했는지 몰라도, 아비의 몽타주를 벗어나기 시작했다. 아들을 본 많은 사람들이 이구동성으로 '안 닮았수다'라고 얘기했다. 그래서 어쩌라는 건가 싶어 항변하고 싶었지만, 나는 그저 그러려니 하며 무심하게 내버려뒀다.

낯짝이야 그럴지 몰라도 성향이나 버릇, 그 외 잡다하고 사소한 것들은 나를 점점 복사해 가는 듯한 느낌을 지울 수 없었다. 지금 아들 나이에 치아를 상실해가는 과정도 그렇고, 화장실에서 변비를 앓는 것도, 지독한 야행성인 점도 그렇다. 얼굴 이면에 진득하게 숨은 유전자는 어찌할 것인가.

아버지가 돌아가신 후 나는 내 기침 소리를 듣고 깜짝 놀란 적이 있었다. 내 안에 영락없이 아버지가 들어앉아 있는 듯했다. 양은 밥상에 국을 데우고 밥을 뜨면서 앉은 내 품새에도 아버지가 있었으며, 한숨 소리조차 아비처럼 독특한 수심이 묻어 있었다.

나는 여러 행동거지에서 나오는 사소한 버릇과 분위기, 모양새에서 어느새 아버지를 많이 닮아가고 있었다. 젊은 아들이 언젠가 눈도 침침해지고 소화력도 예전 같지 않다고 느끼는 날이 오면, 아비가 걸어간 길을 자기도 걷고 있음을 실감할 때가 올 것이다.

  각기 다른 수백 수천 갈래 길이 하나로 이어진 그 길을 말하는 것이다.

맹꽁이 소리

잠이 들락날락하는데 뺨에 빗방울 하나가 떨어졌다. 현실의 절반을 저쪽 세계에 두고 있어 창문을 닫는 게 버겁게 느껴졌다. 척후병 물방울을 기점으로 기총 소사하듯 얼굴과 이부자리에 후드득 빗방울이 쏟아졌다. 그제야 벌떡 일어나 섀시 창을 닫았다. 잠이 완전히 달아났다가 다시 잠을 청하는데, 밥 뜸들이는 시간 정도는 지나야 나는 완전히 까무룩 잠들 것 같았다.

잠의 발걸음은 슬금슬금 내리는 빗방울 타악기 소리에 맞추어 날 어딘가로 데려간다. 그때 내 몸의 마지막 보초병인 귀가 잊고 있던 손님을 데려왔다. 이 소리의 근원지는 어디일까.

"엥꿍엥꿍 엥꿍엥꿍"

우리 집 앞 삼거리에 조성된 공원은 20년 전에 보리와 콩을 경작하던 밭이었다. 밭 모양은 삼각형이었는데, 비만 오면 물이 고이고 여름밤엔 맹꽁이 소리 때문에 시끄러워 밤잠을 설치기 일쑤였다. 비가 좀 왔다 싶으면 빗물이 괴어 농사가 잘 안되었다. 그 밭 주인은 매년 반타작 농사를 지었을 게다. 우여곡절 끝에 관에서 그 부지를 매입하여 팔각정을 짓고 나무와 화초를 심었으며, 마을 주민들을 위하여 운동 기구도 설치했다.

내 귀를 통해 뜬금없이 찾아온 맹꽁이 손님 때문에 나는 또 한 식경 가까이 뒤척거려야 했다. 동네에 연못도 없을 텐데, 저것들은 도대체 어디에 숨었다가 튀어나와 내 잠을 방해하는 것일까. 혹시 근처 쇠똥밭 어딘가에 물 고이는 밭이 있던가. 공항 대합실 바깥에서 한라산을 바라보면 도령마루로 올라가는 큰길이 보인다. 직선대로가 끝나는 우측은 도령마루 숲이고, 공항을 빠져나가는 좌측 숲버덩이 쇠똥밭 지경이었다.

쇠똥밭에는 조선시대부터 한양으로 진상하기 위한 소와 말을 키웠다는 이야기가 전해진다. 근동에 마지막 남은 원시림이라고 하기에는 다소 초라하지만, 과거 나는 그곳에서 여러 날 동안 재선충 방제 작업을 했기 때문에 버려진 무덤이며 옛날 집터 등 속속들이 알고 있었다.

맹꽁이들은 괴상한 종자들이다. 녀석들은 습지가 오랫동안 말라 있어도 비가 이드거니 왔다 싶으면 어딘가에서 튀어나와 떼창으로 억눌린 한을 풀곤 했다.

오밤중에 맹꽁이 소리를 듣는 건 그리 유쾌하지 않다. 엇박자로 우는 소리를 귀로 받아내다 보면 돌아눕는 양 어깨 관절이 뒤틀리는 것 같아서 괴롭다. 더욱이 그 소리가 내 앞에 펼쳐지면 어릴 적 뇌염으로 죽은 친구를 보여주거나 나로 인해 상처받았던 어떤 이를 데려오기도 한다. 음이 이탈된 울음을 듣는 자는 뜻하지 않게 회한의 불면을 겪는다. 비가 물러난 뒤에도 맹꽁이는 한참을 운다. 그러다가 나는 또 어느 순간 까무룩 잠든다.

나는 태어나서 어떤 소리를 가장 먼저 받아들였을까. 그걸 일일이 헤아릴 수는 없지만 맹꽁이와 귀뚜라미 소리가 아니었을까. 입추가 지나 귀뚜라미를 떠올렸는지 모르겠지만, 내가 태어나 백일이 되기 전까지는 엄동설한이라 싸락눈 빗금 치는 소리나 들었을까 싶다. 아, 그 소리도 사람을 몹시 처량하게 만든다. 그러고 보니 세상 모든 소리가 풍진하겠다.

화려강산도

　　　　　　　이십 년도 더 되었다. 글 쓰는 선배 누님이 있었다. 누님은 독서실을 운영했다. 나는 함께 글 쓰는 모임을 했다. 합평회가 끝나면 누님 독서실 옥상에서 뒤풀이를 하곤 했다. 옥상에는 늘 고등학생 한두 명이 담배를 피우다 황급히 비벼 끄는 모습을 연출하곤 했다.

　그즈음 나는 누님의 독서실을 인수했다. 건물은 3층이었는데, 1층은 부엌과 방이 딸린 슈퍼였고 2층과 3층은 각각 30석 규모의 독서실이었다. 이듬해 집세를 지불하러 집주인의 자택에 간 적이 있었다. 집주인은 호남석재사 근처 단독주택에 살았다. 모든 건 흐릿했지만 검은색 바탕에 봉황 따위가 박힌 자개농이 있었다는 것을 기억한다. 왜 나는 자개농을 아직도 기억하고 있을까?

　애 엄마는 주인집의 정원을 찬탄하면서 자개농을 입에 올리며 입맛을 다시듯이 부러워했다. "우린 언제 저런 집에서 살아보코. 어휘! 자개농." 자개농은 당시만 해도 부의 상징이었다. 애 엄마가 집세를 내고 나오면서 한 말이었다.

　나는 낮에는 사무실로 출근하고 밤에는 각시와 독서실을 운영하며 승합차로 학생들을 귀가시켰다. 자정이 넘어 집에 돌아오면 밤늦게 어묵을 끓여 술을 마셨다. 때로는 닭볶음탕과 소시지볶음을 만들어 각시와 처제, 이렇게 셋이 술을 즐겼다.

독서실 운영은 만 2년 정도 한 듯하다. 시설이 낡고 집도 오래된 데다, 근처 여러 독서실이 문을 닫고 새로 생겨나는 와중에 우리 독서실도 폐업하게 되었다. 오일장에 임대 광고를 여러 번 냈지만, 결국 정리해야 하는 처지가 됐다. 불행 중 다행히 한 사람이 독서실을 보러 왔다. 30대 남자였는데, 2, 3층을 둘러보고 나서 자기가 인수하고 싶다고 했다.

나는 일이 이렇게 풀리는구나 싶어 쾌재를 불렀다. 그는 허공에 검지손가락으로 뭔가를 이리저리 돌리며 계산하더니 삼백여 만 원을 얘기했다. 헛, 이게 무슨 헛소리! 그가 인수한다는 것은 독서실이 아니었다. 그는 독서실 책걸상만 사겠다는 것이었다. 그는 이미 다른 곳에 독서실을 가지고 있었는데, 부족한 것을 보고 즉석에서 흥정을 한 것이었다. 우리는 간신히 끌어오던 독서실을 그것만이라도 받는 것으로 마무리하고 정리해버렸다.

독서실 물건 중에는 이런저런 비품이 많았는데, 친구들이 가져가거나 집으로 가져온 것들이 꽤 되었다. 다른 것들은 전부 세월 따라 실종됐다. 그때 물건이 딱 하나 남아 있었다. 속칭 이발소 그림이라 불릴 만한, 유화 물감을 사용한 싸구려 그림이었다.

제목은 없지만, 절경을 배경으로 비대칭 정자가 있고 강물이 흐르며, 건너편에는 삿갓을 쓴 양반이 지팡이를 짚고 있는 그림이었다. 나는 이 그림의 제목을 '화려강산도'라고 붙였다. 그림 뒷면에는 J 누님이 독서실을 차릴 때 남동생 친구들이 돈을 모아 '축 발전'이라고 쓰고 '누구 모임 일동'이라 새겨놓았다.

 몇 번이나 이것을 버리려고 대문 밖에 내놓았다가 마음이 변해 다시 안으로 들여놓곤 했다. <화려강산도>를 그냥 보낼 수가 없었다. 며칠 전 다시 그림을 마당에 내놓았는데 비가 왔다. 비 맞은 액자를 나는 다시 처마 밑으로 끌어다 놓았다. 비를 맞고 있는 <화려강산도>에서도 비가 오는 듯한 착시를 느꼈다. 그림의 원주인이었던 J 누님이 책을 보내왔는데, 언니가 낸 시집이었다. 대학노트 한 장을 찢어 반으로 잘라 급하게 휘갈긴 그녀의 글씨를 나는 많이 봐왔기 때문에 대번에 알 수 있었다.

「친언니가 낸 시집이다. 세홍이가 보기엔 많이 부족할지 모르겠다. 나름 억척스럽게 생활하면서 쓴 시다. 예쁘게 봐줬으면 좋겠다. 네가 보낸 시집은 누군가 개봉해서 빈 봉투만 가오리마냥 물에 젖어 착 붙어 있더라. 시를 잘 아는 독자가 가져갔겠거니 생각하고 있으니 이해해주길 바란다. 경조사 있으면 연락해라. 고맙고 사랑한다.」

 J 누님의 글씨는 무언가에 쫓기는 사람처럼 난필이었다. 누님은 서예를 오랫동안 했고 소설 습작도 했다. 누님은 시집을 늦게 갔고, 남편 되시는 형님도 여러 번 뵙곤 했다. 총각 때는 동인이었던 S와 함께 밤늦게 구멍가게를 전전하며 소주를 마시러 다녔고, 순남이 누님이 운영하던 '모던'에도 자주 갔다. 모던이 영업을 끝마치면 구엄 초가집으로 가서 라면도 끓여 먹곤 했다. 그런데 J 누님도 나도 결혼하고 이후부터는 서로 사는 게 바빠서 그랬을까. 거의 사석으로 만나보지 못했다. 공적인 자리에서 여러 번 뵐 수도 있었을 텐

데, 누님은 어찌 된 일인지 거의 나타나지 않았다.

살림이 그리 녹록지 않다는 것을 지인을 통해 건너 들었다. 늦둥이 아들은 바둑을 잘 둬서 천재 소리까지 듣는다는 얘기도 들었다. 이십 년 세월이 물살처럼 흘러갔다. J 누님도 환갑을 지척에 두고 있었다. 시집간 누님은 이상할 정도로 오로지 살림에만 온 신경을 집중하는 듯했다. 자식을 여럿 낳은 것도 아니고 남편과 금슬이 좋아 세상과 담을 쌓고 지낸 것도 아니었다. 성격도 좋고 글도 잘 쓰시던 분이었기에, 누님의 은둔은 내겐 자학처럼 보였다.

삼 년 전 아버지가 돌아가셨을 때 누님이 S와 함께 찾아왔다. 부의금을 받았고, 일이 마무리된 후 언제 보자고 서로 약속했지만, 여러 해가 지나버렸다. 부의금 액수도 사는 형편에 비해 티가 날 정도로 많았다.

여러 정황을 놓고 볼 때, 메모나 부의금을 보며 누님이 내게 빚을 졌다고 생각하는 건 아닐까 하는 의구심이 들었다. 정말 그럴지도 모른다. 지나친 억측일지 모르나, 혹시 내가 인수했던 독서실이 잘 안돼서 부채감을 느꼈던 건 아니었을까.

훗날 알게 된 사실이지만, <화려강산도>를 독서실 발전 기념으로 준 남동생도 죽었다고 한다. 사십이 넘도록 장가를 가지 않았던 그를 옛날 아라동 오지 과수원 집에서 딱 한 번 본 적이 있다. 창턱에 양손을 의지하여 체중을 실은 채 밖을 내다보던, 두상이 약간 크고 밤송이머리를 한 남동생의 모습이 지금도 어렴풋하다. 나는 함께 갔던 민수와 J 누님과 건천으로 내려가 웅덩이에 고인 올챙이 알주머니를 신기하게 바라보고, 바위를 뛰어다니며 양껏 밝은 웃음을 지으며 대화를 나눴다.

그 건천은 비가 많이 온 다음이면 거대한 물줄기를 이루며 산치천 하류로 흘러내렸을 것이다. 계절은 정확하게 생각나지 않는다. 올챙이 알주머니가 징그럽게 덩어리진 모습을 보면서 얼음이 얼었나 생각했던 걸로 보아 2월 전후였을 것이다.

나는 J 누님이 좀 더 자기 삶에 주도적인 위치에서 살 수 있을 줄 알았다. 너무나 평범한 삶을 살아온 그녀가 어떤 지독한 허무 때문에 자신이 확보해야 할 세계를 놓쳐버린 것은 아닌지 안타까웠다.

아버지 돌아가시고 J 누님이 조문 왔을 때였나, 아니면 그 훨씬 전이었을까. 가끔 생각난 듯 한 번씩 통화할 때가 있었다. 정확히 몇 년 전인지는 내 기억도 분명치 않다. 나는 J 누님에게 2층 남자 열람실 북측 벽에 걸려 있던 이발소 그림에 대해 물은 적이 있었다.

"경헌 그림도 이서나시냐?"라며 누님은 그 그림을 기억하지 못하고 있었다. 그 말을 듣고 나는 그때 결심했다. 어느 날, 나는 고아가 되어버린 〈화려강산도〉를 톱과 망치를 들고 여러 조각으로 나누어 종량제 봉투에 담았다. 그렇게 망설이다 버린 물건은 거의 없었다.

굼슬거운 웃음이
비쳤다

합판과 각재로 공구함을 만들던 중 큰 망치 손잡이가 삭아 부러졌다. 급한 김에 작은 망치를 들었지만 그것도 목 자루가 댕강 부러져 나갔다. 큰 망치는 아버지가 남긴 유산이었고 작은 망치는 6년 전쯤 전농로 벚꽃잔치에서 엿을 팔 때 끌을 후려치던 용도로 구매한 것이었다. 낮에 친구와 아크릴 퍼티를 사러 대원건재에 갔을 때 망치 자루를 사야겠다고 생각했지만 까먹었다.

최근에 이런 일들이 잦아졌다. 메모를 해야 할 판이다. 혹여 메모조차 확인할 의지가 없다면, 그때는 자신의 의지와 무관한 삶을 살게 될 것이다.

욕실 바닥이 고르지 않아, 일명 아크릴 퍼티라는 회색빛의 물컹한 재료를 바닥이 팬 곳에 발라주었는데, 양이 부족해 다시 길을 나선 것이었다.

친구 사무실에 들러 그라인더 속도 조절기와 샌딩 사포 몇 장을 얻어왔다. 전날 퍼티 작업을 했는데, 두텁게 재료를 발라놓은 곳은 여전히 마르지 않았다. 그 부분만 빼고 다시 미진한 부분들을 유성펜으로 동그라미 쳐가면서 작업할 곳을 표시했다.

얇게 팬 부분은 괜찮았다. 문제는 깊게 팬 곳이 쉽게 마르는 것 같지 않다는 점이었다. 아무래도 전문가의 자문이 필요했다. 달포 전에 딸을 분가시킨 상수는 일본으로 밀항해 인테리어 일을 하다가 귀국했다. 벌써 이십 년 전 일이 되었지만, 이후 그는 페인트와 방수 일을 하며 밥벌이를 하고 있었다. 며칠 동안 나의 셀프 시공이 가능했던 것은 순전히 상수 덕분이었다.

상수는 나의 곤란한 상황을 듣더니 방비책을 알려주었다. 깊게 팬 곳은 시멘트를 이겨 넣은 다음 그 위에 퍼티 작업을 해야 한다고 했다. 즉, 아크릴 퍼티는 두껍게 작업하면 잘 마르지 않는다고 했다.

어제오늘 계속 의문을 품었던 문제가 풀리는 순간이었다. 나는 전화를 끊고 나서 짬을 내어 핸드폰에 개인 밴드를 하나 더 만들었다. 밴드 제목을 '셀프 인테리어'라 짓고 어제오늘 작업한 사진을 올렸다.

작업 과정과 각각의 내용을 잊지 않기 위해 기록해두기로 했다. 그러고 나서 나는 현관 출입문 계단에 앉아 집 안에 방치되었던 어린아이 팔 길이만 한 넓적한 원목을 요리조리 돌려 보았다. 검지손가락 두 마디만 한 길이로 자르려고 원목을 톱질해나갔다.

톱이 나무 중간까지 들어가자, 굽도 젖도 못 할 상황에 직면했다. 재료를 비스듬히 눕혀 두 발로 고정했던 자세가 무너졌다. 더이상은 무리인 듯싶었다. 나는 톱이 길을 냈던 지점까지 나대를 밀어 넣었지만, 두꺼워서 끼였다. 나대 등 쪽을 창고에서 꺼내 온 녹슨 자귀의 반대쪽 망치 부분으로 두들겼다.

둔탁한 쇳소리가 날 때마다 나댓날이 밑으로 길을 냈다. 세 번을 그렇게 두들기자 나대는 톱질한 마지막 부위에 다다랐다. 나는 세 번에 걸쳐 두드렸던 힘을 모아 입을 앙다물고 내리쳤다. 쪼개져 나간 기다란 막대기가 팽그르르 돌며 마당에서 키우는 시바견에게 달려들었다.

내가 하는 작업을 구경하던 시바가 엉겁결에 쫓겨가 컹컹! 짖어댔다. 나는 똑같은 방식으로 막대기 하나를 더 쳐내 그것들을 깎고 다듬어 망치 두 개를 새로 탄생시켰다. 맨 마지막으로 그라인더에 일명 해바라기라고 하는 샌딩 사포를 달아 자귀와 나대로 거칠게 작업한 손잡이 부위를 매끈하게 갈았다. 작업을 끝내자 큰 망치에 햇살을 타고 내려온 낯익은 웃음이 어렸다. 아니, 그 굼슬거리는 웃음은 식구들에게 오롯했을 테니 밖에서 온 것은 아닐 것이다.

4부

검은
별

　　　　　　　　　　중학교 입학 후 가정 실태 조사를 했다. 가전제품과 자동차 따위를 조사했는데, 내 앞자리에는 까까머리에 목덜미가 흰 창희라는 아이가 있었다. 이 녀석은 줄기차게 손을 들었다. 아마 실태 조사의 마지막 항목이 자동차였던 것 같은데, 그때까지 창희의 은색 시곗줄을 찬 손목은 올라가 있었다.

　창희 아버지는 관덕정 옆에서 한의원을 운영하고 있었다. 당시 북초등학교 출신들이 공부를 잘했는데, 아마 그 동네 형편과 무관하지 않았을 것이다. 얼마 후, 학생회장이었던 3학년 선배가 우리 교실로 찾아와 창희를 불렀다. 그 학생회장도 북초등학교 출신이었기에 나는 집안의 어떤 연줄로 맺어진 관계라고 느꼈다.

　어느 날 아침, 학급 조회 시간이었다. 담임선생님은 학급 문고를 만들어야 한다며 반 아이들에게 말했다. 그 담당은 학습부장이었던 창희에게 맡겨졌다. 창희는 학급 일지를 쓰고 있었다. 그는 둥글고 하얀 얼굴, 코밑 혓바닥을 위로 올려 닿을락 말락 한 지점에 새끼손톱 절반 크기의 검은 점이 있었다.

　담임은 학급 문고 마감 기한을 일주일로 정했다. 1인 1책 기준으로 기한 내에 책을 가져오지 못하면 크게 벌하겠다고 엄포를 놓았다. 문고 기준은 교양서에 미달하는 만화책, 《어깨동무》, 《소년중

앙》과 같은 잡학 상식류 별책 부록은 제외한다고 분명히 못 박았다. 그렇게 신신당부했음에도, 문고라고 하기엔 부끄러운 책들이 쏟아져 나왔다. 표지가 아예 없는 낡은 책들도 있었고, 한문 서당에서나 쓸 법한 책도 책상 위에 놓였다.

우리 집은 사정이 어려워 어머니가 책 살 돈을 쉽게 내주지 않았다. 집에 책이 없던 건 아니었지만, 학교에 제출할 만한 책들은 아니었다. 박종화와 김동리가 펴낸 각각 5권짜리 『수호지』와 『삼국지』가 있었고, 2년 전에 샀던 10권짜리 <광복 30년 문학전집>은 엄밀히 말하자면 아버지 책이었다. 그것은 성인들이 읽는 세로쓰기 책이었다.

이틀 정도 지났을 무렵이었다. 창희는 내 궁색한 형편을 눈치챘는지 내게 말을 걸었다.

"이번 일요일 우리 집에 오면 책 한 권 줄게. 관덕정 옆 XX한의원 알지? 10시쯤 와서 초인종 눌러. 그럼 나갈게."

나는 토요일 늦게까지 <주말의 명화>를 보고 애국가까지 시청한 후 잠들었다. 다음 날 아침, 나는 퉁퉁 부은 얼굴에 붉은색 학교 체육복을 입고 관덕정으로 향했다. 창희의 집은 한의원과 살림집이 함께 붙어 있었다. 초인종을 누르자, 나보다 서너 살 많아 보이는 여자아이가 나왔다. 계집아이는 창희가 아침 일찍 부모님과 나갔다는 말을 퉁명스럽게 전하고는, 귀찮은 손님이 찾아와 일에 방해가 됐다는 듯 대문을 세게 닫고 들어가버렸다.

그날 나는 오지 않는 창희를 기다리느라 점심을 거르고 굶었다.

나는 우거진 팽나무 그늘에 쪼그려 앉아 흙바닥에 막대기로 뭔가를 그렸다가 지우고, 다시 뾰족한 돌을 주워 의미 없는 그림과 기호를 휘갈겨댔다. 다음 날 월요일은 문고 할당량을 채우지 못한 아이들이 매를 맞는 날이었다. 해가 지고 주위가 어두워졌는데도 창희와 부모는 돌아오지 않았다. 그때부터 나는 창희를 의심하기 시작했다. '이 녀석, 집에 있으면서도 나오지 않았을 거야. 책을 주기로 했는데, 어느 순간 아까워서 주기 싫었던 거지.' 생각하니 화가 치밀었다. '지금까지 돌아오지 않았을 리가 없어.' 나는 돌을 들고 힘껏 허리를 뒤로 젖혔다가 배신자가 사는 대문 너머로 팔매질하듯 내던졌다. 하지만 손아귀를 풀어 돌을 던질 용기가 나지 않았다.

  나는 그 길로 서문통 방향으로 뛰었다. 나는 현대극장으로 들어가는 길모퉁이에 있는 해동서점으로 갔다. 최대한 가격이 낮은 책을 골랐다. 그렇다고 책의 품격까지 포기할 생각은 없었다. 허문영 작가의 추리소설 『검은 별』을 고르고 500원을 주인에게 건넸다. 그 돈은 어머니가 시골에 유채 농사일을 하러 가시면서 맡기고 간 비상금이었다. 나중에 알고 보니 그 책은 음흉한 학생들이 몰래 보던 종류였다.

  이튿날 창희는 학교에 나오지 않았다. 그다음 날도 내 앞자리는 비어 있었다. 그제야 담임 선생님은 창희가 집안에 갑작스러운 사정이 생겨 서울로 전학 갔다는 사실을 전했다. 여름방학을 며칠 앞두고 담임이 또 창희의 소식을 알렸다. 서울로 전학 간 중학교에서 전교 1등을 했다는 것이었다. 이제 와서 추측건대 어떤 피치 못할 사정으로 약속을 지키지 못했던 그도 얼마간 마음이 무거웠으리라.

똥간 청소부
승혁이

　　　　　　　　1970년대 중반까지만 해도 비행장 철조망 둔덕 아래는 허허벌판 농경지였다. 벌판 남쪽에는 제주자동차 기술학원이 있었고, 학원에서 해지는 방향으로 대여섯 호흡을 숨차게 가다 보면 정방형 모양의 물통이 나왔다. 어릴 때는 꽤 커 넓어 보였는데, 아마도 지금 생각해보면 어른 걸음으로 좌우로 서른 걸음 이상 되지 않았나 싶다.

　내가 살던 용화부락은 현재 용담 킹마트 서쪽 동네를 일컬어 그렇게 불렀다. 동네 사람들은 당시만 해도 소를 키우는 집이 많았고, 비행장 벌판에서는 대개 보리와 콩 농사를 지었다.

　그 땅의 흙에는 쓰레기와 연탄재가 다량으로 섞여 있었다. 유심히 그 흙을 들여다보면 소소한 생활 쓰레기 속에 파르르 떠는 누더기 비닐 같은 것들이 보였다. 이는 근처 쓰레기장의 영향일 수 있었다.

　벌판 바닷가 쪽으로는 그때까지도 제주시의 쓰레기차들이 내용물을 버리곤 했다. 즉, 바닷가 마을인 어영 남쪽에 쓰레기장이 자리하고 있었다. 우리 용화부락 아이들은 제주자동차 기술학원 물통 주변에서 놀았다. 물통에는 개구리와 붕어 같은 것들이 살아서, 아이들은 수리대에 낚싯바늘을 매달아 고기를 낚았고 여름에는 알

몸으로 몃을 감기도 했다.

쓰레기장은 어영과 다그넷 마을 바닷가 아이들의 놀이터였다. 구제주대학 아래 용마부락과 남쪽으로 이웃한 성화부락 아이들 일부도 그곳으로 몰려가 놀았다.

초등학교 6학년 때 유난히 기억나는 일화가 있다. 승혁이라는 아이가 있었다. 집안 형편이 좋지 않아 한눈에 봐도 가난이 덕지덕지 묻어 있었다. 신기하게도 이 아이는 쓰레기장에 살면서 쓸 만한 것들을 주워 와 아이들이 갖고 있는 그림딱지와 구슬을 바꾸어 자기 맘에 드는 아이에게 나눠주기도 했다.

승혁이는 여러 이유로 똥간 청소를 자주 했다. 당시 담임선생은 화장실, 즉 똥간 청소 담당을 싸움 잘하는 덩치 큰 태린에게 시켰다. 푸세식 화장실은 들어가는 순간 정신이 아찔할 정도로 냄새가 심했다. 특히 봄에 따뜻한 햇살이 똥통에 비쳐들면 꼬물꼬물 구더기들이 좁은 똥간 곳곳에 기어다녀 아이들은 질겁했다.

승혁은 똥간 청소의 달인이었다. 똥간 청소를 하도 많이 해서 구리구리한 냄새에 익숙해졌는지 몰랐다. 승혁이가 날마다 청소했던 것은 아니어서 태린이에게 지목되면 선택당한 아이는 싫어도 똥간에 들어가 청소를 해야 했다.

그즈음 똥간에 들어가기 싫어하는 어떤 아이가 태린에게 뇌물을 주면서 비리가 생겨나기 시작했다. 아이들은 새 연필과 노트를 주기도 했고, 쓰던 샤프를 줄 때도 있었다. 승혁이는 어느 날 쓰레기장에서 주워 온 만년필을 깨끗이 닦아 태린이에게 줬다. 중고틱

하긴 했어도 어른들이 쓰던 만년필은 굉장한 물건이었다. 그는 팔이 떨어져 나간 로봇도 주워 왔고, 고장난 라디오와 장난감 트럭 등을 가져왔다. 날마다 태린에게 상납하며 자신의 바람막이가 되어주기를 은연중에 바랐던 것 같았다.

사실 화장실 청소는 몇 파트로 나뉘었는데, 바닥을 물청소하는 팀, 물 뜨러 가는 팀, 소변 누는 곳을 솔질하는 팀, 그리고 똥간에 들어가는 아이로 분류됐다. 똥간에는 다들 들어가려 하지 않았다. 승혁이는 뇌물을 자주 상납했기에 똥간 청소를 하지 않아도 되었다.

어느 날 내가 똥간을 청소하게 되는 난처한 상황이 벌어졌다. 똥간은 누가 급하게 똥을 쌌는지 분사 형태로 똥폭탄을 맞은 듯 묵직룩하게 번져 있었다. 아무도 들어가지 않겠다고 해서 아이들은 하늘과 땅 게임을 했고, 내가 담당하게 되었다. 그때 승혁이가 나를 유심히 보더니 자신이 하겠다고 했다. 승혁이는 나 대신 똥간에 들어가 아무렇지 않게 유행가를 부르며 청소했고, 나는 그 모습에 가슴이 뭉클했다. 그날이 기점이 되었을까? 승혁이는 자주 난처해하는 아이들을 대신해 똥간 청소를 했고 그러다 보니, 어느새 아이들이 제일 싫어하는 일을 도맡아 하는 직함 없는 직책을 떠맡게 되었다.

나는 성인이 되어서도 가끔 그 아이가 생각난다. 형편이 변변치 못해 가난했고, 비행장 쓰레기장에서 종일토록 생활했던 그 아이는 졸업 후 한 번도 보지 못했다. 당시 가정 형편이 어려워 중학교에 진학하지 못한 아이들이 한 반에 네다섯 명은 되었다. 승혁이가 거기에 해당되었는지 이제는 기억나지 않는다. 필시 어려운 형편으로는 중학교에 진학했더라도 고등학교 교복을 입는 건 무리였을지 모른다.

    그렇다 하더라도 그가 일찍 사회에 나왔다면 착한 성정으로 주변 사람들에게 선한 영향을 주었을 것 같다. 사람에 대한 실망감이 클 때면 가끔 그가 떠오른다.

옛 전집이
있다

　　　　　　　점심을 먹고 도서관에 들렀다. 어제 보다가 만 신문 자료를 다시 보기 시작했다. 1970년대 중반 당시 지방지로는 《제주신문》뿐이었다. 이후 1990년대 들어 《제주신문》 경영진과 마찰이 생긴 《제주신문》 기자들이 진보 언론을 표방하며 나와서 《제민일보》를 창립했고, 그즈음 《한라일보》도 생겼다.

　제주도는 1차 산업인 감귤 농업의 규모가 커지면서 관광 분야 또한 비약적으로 발전하여 도민 소득에 이바지하고 있었다. 같은 맥락에서 다양한 지방 언론에 대한 요구가 커지는 상황이었다.

　당시 내가 살펴보는 시대적 상황은 《제주신문》만이 겨우 제주 사회의 전반적인 상황을 알리고 있는 형편이었다. 서슬 퍼런 군사 반공 독재 시절이었기에 정부 정책에 노골적으로 반하는 기사를 찾아보기 어려웠다. 지방지가 하나였기에 학생 문예나 제주 지역 문인 동향도 간간이 살펴볼 수 있었고, 심지어 현재 원로급 문인들의 청첩장을 게재한 광고도 보여 세월의 덧없음을 느끼게 했다. 그 신문에는 지난 세월 속의 제주를 들여다보는 난이 있었는데, 팥죽 같은 거리, 웅덩이에 고인 물에 교회 십자가와 전신주 그림자가 뚜렷이 비치는 등의 문학적 묘사를 엿보며 나는 빙그레 미소를 짓기도 했다. 돌아가신 오성찬 소설가가 《제주신문》 기자로 근무할 때였다.

또한 단신으로 처리된 '고운 이름' 모집 현상 공모에 당선되었던 소설가 고시홍 선생도 나왔다. 그분은 20대 중후반이었는데, 아들 이름은 고나무, 딸은 고일다로 지어 서울대 국어 운동 학생회가 주최했던 공모전에 뽑힌 것이었다.

나는 찬찬히 신문을 살피다가 서적 외판원 모집 광고에 눈이 가서 또 하나의 기억을 떠올린다.

정음사에서 외판원을 모집하는 광고였는데, 전직 공무원이나 기업체에 근무했던 사람들을 뽑았다. 그도 그럴 것이, 외판원이 책을 파는 순서는 가까운 지인이나 전 직장 동료부터 시작했기 때문에 그들이 환영받았을 것이다.

아버지가 10권짜리 광복 30년 문학전집을 할부로 구매했던 것은, 중간에 퇴직했던 동료가 찾아와 부주하는 셈 치고 사줬기 때문이다. 그 당시 어렴풋한 기억으로는 5만 원 정도였던 것 같다. 그것 말고도 여러 번 할부로 책을 구입했는데, 수금사원이 올 때마다 어머니는 그 책들을 고스란히 돌려보내곤 했다.

수금사원이 따로 다녔던 것은 판매자와 분리하여 수금의 효율성을 높이기 위해서였을 것이다. 광복 30년 문학전집은 아버지가 어머니에게 자기 얼굴을 봐서라도 그 책만은 반품하지 말아달라는 간곡한 청이 있어 살아남을 수 있었다. 내가 이런저런 많은 책들을 버려왔지만, 전집 열 권 중에서 일곱 권만 남은 그 책을 버리지 못하는 이유는 그러한 추억이 서려 있기 때문이다.

아버지에게 책을 파셨던 동료분은 지금 생존해 계시는지 안부가 궁금하다. 당시 아버지와 비슷한 30대 중반이었을 텐데, 밥벌이하는 게 쉽지 않았으리라. 내일은 어머니에게 그분을 아시냐고 물어봐야겠다. 근데 기억이나 하실는지 모르겠다.

부치지 못한 편지

오래전에 있었던 일이다. 프랑스의 한 지방에서 농부가 밭을 갈다가 제1차 세계대전에서 전사한 것으로 보이는 영국 병사의 유해를 발견했다. 구멍 난 철모 속에서 편지가 나오고, 뼈만 남은 시신에서는 금박 장식의 몽블랑 만년필이 빛을 보게 되었다. 편지에는 전투를 앞둔 심경과 가족의 안부를 걱정하는 내용이 적혀 있었다. 당사자가 전사함으로 그 편지는 결국 부쳐지지 못했지만, 그 소식은 신문을 통해 많은 사람들의 가슴 속에 애틋하게 배달되었을 것이라 믿는다. 신문에 보도되어 화제가 된 그 영국 병사의 편지는, 내 어머니의 부치지 못한 편지와 함께 내 기억 속 한 풍경으로 남았다.

시골에 계시던 외할머니가 돌아가셨을 때의 일이었다. 외할머니의 세간을 정리하던 중 오래된 궤 속에서 아주 희귀한 한 장의 편지를 발견했다. 그 편지는 분명 어머니가 처녀 시절 쓴 것이었다. 여러 정황으로 보아 일본에 있던 외할아버지에게 보낸 것으로, 어림잡아 서른몇 년은 되었을 듯했다.

'아버님 전상서'로 시작되는 편지에는 색이 바랜 누런 종이에 펜촉으로 담담히 적힌 글이 들어 있었다. 내용은 부친에 대한 연민,

얼굴도 모르는 배다른 어린 동생에 대한 걱정, "이 편에 대해서는 염려 말라"는 당부, 그리고 돈이 없어도 좋으니 빨리 귀국하여 안정된 가정을 되찾으라는 권유 등이었다.

그중에서도, 촌구석에서는 미래가 캄캄하다 생각하여 돈을 벌러 훌쩍 일본으로 떠나버린 외할아버지에 대한 절절한 애정이 묘한 여운을 남겼다. 이제 어머니에게 기억도 없는 그 편지에 대해 물어볼 수도, 물어봐도 알 길이 없게 되었지만, 어머니의 편지는 세월의 소인을 찍고 결국 나에게 배달된 셈이었다.

비록 세월은 어머니의 젊었을 적 감수성을 비롯하여 많은 것을 끌고 가버렸지만, 그 부치지 못한 편지는 어쩐지 시간을 거스르는 비밀을 내게 알려주는 듯했다. 그 정체는 생활 외부에서 값으로 환산할 수 있는 성질이 아니라, 삶의 다채로운 빛깔 안에서 순간순간 반짝거리는 고양된 의식이라 여긴다.

쇠다마

집 창고를 정리하다가 베개만 한 붉은 플라스틱 공구함을 꺼냈다. 그 통 안에 있던 흰 플라스틱 사각 반찬통을 열어 크고 작은 십여 개의 베어링을 쏟아냈다. 나는 이걸 왜 모아두었을까. 소용이 닿지 않는 그것들을 한참 바라보았다. 기억은 소년 시절로 흘러들어갔다.

개학이 얼마 남지 않아 촌에서 집으로 왔다. 시외버스를 타고 형제자매들과 집에 도착하자마자 내가 한 일은 서문파출소 길 건너 식당 곁에 있던 자전거포에 들르는 것이었다. 며칠 전 크게 내린 눈의 잔설이 응달진 곳에 드문드문 남아 있었고 하늘은 연일 우중충했다. 자전거포 주인은 코흘리개 조무래기들의 푼돈을 우려먹으려 못 쓰는 자전거를 해체하면서 나온 베어링을 용기에 담아 구석에 놓고 팔고 있었다.

나는 주인이 부르는 값만큼의 돈을 내고, 크지 않고 작지도 않은 쇠다마 하나를 샀다. '다마'라는 말은 일제 잔재가 남아 있는 낱말이라 쓸까 말까 망설였지만, 생생한 추억이 깃들어 그냥 쓰기로 했다. 내가 산 중간 크기 쇠다마의 가격을 정확히 기억하지는 못하지만, 아마 십 원쯤이었을 것이다. 그 무렵 겨울철 대표 놀이는 팽이치기였다.

대개 시골 아이들은 팽이를 직접 만들었고, 도회지 아이들은 문구점에서 샀다. 이쪽 제주시 아이들은 굵은 나무를 구하기도 어렵고 자귀로 팽이를 깎아낼 근력과 기술도 여의치 않았다. 그래서 뽀빠이 과자 하나 살 돈만 있으면 다양한 팽이를 살 수 있는 후자를 택하곤 했다. 팽이를 산 뒤 아이들이 가장 먼저 하는 일은 팽이 밑바닥 꼭지에 박힌 타원형 쇠를 교체하는 것이었다.

팽이는 원심력을 최대화하면 팽이채를 몇 번 치지 않아도 속도의 정점에서 중력을 거슬러 고요히 서는 모습을 보여주었다. 팽이 맨 윗면은 누구나 크레파스로 두세 겹 원형 무늬를 그려 색을 입혔다. 당시, 연철이 박혀 있던 연한 쇠를 우리는 강원석이라 불렀고, 쇠다마 즉 베어링은 금강석이라 불렀다.

그나마 자전거포에 베어링이 늘 있는 건 아니었다. 아이들 호주머니에 십 원짜리가 흔하게 들어 있지도 않았다. 쇠다마를 손에 넣으려면 서로 운때가 맞아야 했다. 좋은 팽이를 구하는 일도 쉽지 않았다. 팽이 싸움에서 이기려는 마음으로 아이들은 납작하고 중심 이동이 잘 되는, 질 좋은 나무로 만든 팽이를 찾았다. 싸구려 팽이들은 길쭉하고 나뭇결을 따라 금이 벌어지는 경우가 많았다.

서초등학교 주변에는 문구점이 열 군데 가까이 있었지만, 원하는 팽이를 찾지 못하면 친구들과 남초등학교까지 걸어 내려가 간절한 마음으로 구했다. 동네의 익재 형은 나보다 다섯 살 많았는데, 무겁고 질 좋은 나무로 만든 납작한 팽이를 돌렸다. 한눈에 봐도 연륜이 느껴지는 팽이였다. 선배가 어떻게 그 팽이를 손에 넣었는지는 모르지만, 나도 그와 같은 종류를 갖고 싶었고 결국 찾지 못한 채 오십 줄에 들어서버렸다.

그 선배와 팽이 싸움을 해봤지만, 상대가 되지 않았다. 팽이채로 상대 팽이를 향해 맞히면 나무와 나무가 부딪치는 특유의 소리가 났다. 그러면 두 팽이는 서로 정반대 방향으로 나가떨어졌다. 중심이 흐트러진 팽이는 튕겨 나가 뒹굴었지만, 단단한 나무로 만들어 중심이 안정적인 팽이는 그대로 원심력을 유지했다.

거의 대부분의 아이들은 팽이를 살리려 허둥대며 숨가쁘게 채를 쳐서 발버둥쳤다. 아이들은 중심 이동의 핵심이 쇠다마에 있다고 믿었다. 아이들이 말하던 "팽이가 섰다"는 표현은, 팽이가 움직임 없이 고요히 도는 상태를 가리키는 말이었다. 팽이가 서는 걸 확인하는 방법 중 하나는 팽이 맨 윗면에 침을 모아 떨어뜨려보는 것이었다. 육안으로도 판별은 되었지만, 굳이 그 행위를 하는 건 일종의 낙관 같은 허영심이었다. 팽이가 서려면 금강석을 박는 것이 필요조건이라고 확신했다.

침을 떨어뜨린 팽이는 침을 튕겨내지 않고 한순간 윤기 나는 광채를 드러냈다. 골목마다 아이들은 한곳에 모여, 에너지가 한곳으로 쏠린 흔들림 없는 팽이를 경탄의 눈으로 바라보았다. 집안의 통제가 느슨하고 공부를 등한시하던 나와 같은 아이들은 그 꿈을 이루기 위해 그런 종류의 놀잇감에 부단하게 집착했다.

나는 제법 나이가 들 때까지도 쇠다마, 즉 베어링을 귀하게 여기는 버릇이 있었다. 오래도록 그 의식을 떨쳐내지 못했다. 어린 소년이 놀잇감을 통해 얻으려 했던 우쭐함은 허영심과는 달랐다. 자신이 의도한 대로 놀잇감이 움직였을 때 느끼는 성취감은 또 다른 욕망을 부채질하는 성장 과정이었을 것이다.

아버지의
유산

아버지가 돌아가신 뒤, 그것들은 대략 1년 남짓 버텼다. 주인의 손길이 닿지 않은 물건은 금세 제 기능을 잃는다. 지은 지 얼마 안 된 조립식 창고 한켠에서 그것들은 서로 부대끼며 삭아갔다. 습기가 차고 녹이 슬자 녹물이 흘렀다. 제일 먼저 양날톱이 삭아들었고, 줄톱과 망치, 나무로 만든 연장통까지 녹이 스몄다. 어머니의 성화에 못 이겨 결국 창고에 있던 아버지의 공구들을 대문가로 내놓았다. 하얀 장갑을 낀 손에는 녹물이 잔뜩 묻어 있었다. 아버지의 노한 음성이 들리는 듯해 마음이 편치 않았다.

몽키스패너와 정, 망치, 녹물이 엉겨붙은 여러 되박 분량의 못들, 다 삭아 너덜거리는 낫, 쓸 수 없게 된 부스터와 때가 잔뜩 끼어 푸른곰팡이까지 핀 프라이팬까지 있었다. 조금 과장하면 손수레 한 차 분량이었다. 최소한의 공구만 챙기고 나머지는 모두 버렸다.

부부는 서로 닮기도 하지만 성향은 정반대인 경우도 있다. 우리 부모님이 그랬다. 어머니는 쌓아놓는 것을 극도로 싫어했다. 필요 없는 것은 일단 버리는 스타일이었다. 아버지는 정반대였다. 길을 가다 쓸 만한 것을 보면 일단 대문 안으로 들여왔다. 어머니는 그런 아버지의 성격을 알기에 몰래몰래 물건을 버리기도 했다. 어머니가 버리고 아버지가 주워 오던 일이 여러 번 있었다.

아버지가 돌아가시기 전에는 이런 일도 있었다. 어머니의 엄명으로 마당의 제법 큰 돌들을 트럭에 싣고 밭에 갖다 버렸다. 고추대와 철근, 대나무도 함께 버렸다. 이튿날 아버지는 그것들을 다시 집으로 가져왔다. 무거운 돌을 드느라 허리를 삐끗해 며칠 병원에 다녀야 했다. 부모님은 나이 들수록 버림과 집착이라는 양극단으로 치달았다. 나는 그 사이를 오가느라 진땀 뺀 일이 한두 번이 아니었다.

"어머니 아무거나 버리지 맙서."라고 말할 때마다 어머니는 '하는 게 지 애비 닮았다'고 핀잔을 줬다. 어머니는 버리기를 거듭해 오십 년 가까운 궤짝까지 던져버렸다. 그 궤짝은 어머니의 혼수품이었고 문짝 안에는 우리 형제자매의 탄생 연월일과 시간을 아버지가 적어둔 의미 있는 기록이 있었다. 어머니는 평소 깔끔함을 좋아했고 애매하게 걸쳐지는 것을 싫어하셨다.

그날 궤짝이 밖으로 나온 연유는 집수리 때문이었다. 안방 장농을 부수고 장판과 도배를 새로 했다. 이 모든 일은 여동생과 어머니의 뜻이었다. 며칠 뒤 붙박이장으로 바꾸면서 궤짝을 넣을 자리가 사라졌다. 결국 궤짝은 클린하우스에 버려졌다. 나는 그 사실을 까맣게 몰랐다. 그건 절대 보내서는 안 될 물건이었다. 사태를 알게 되었을 때 느낀 상실감은 오래 함께한 가족을 잃은 느낌과 비슷했다. 어이가 없어 어머니 앞에서 입만 벌리고 눈만 깜빡이며 말문을 닫았다. 그것도 효도의 일부라고 생각했기 때문이었다.

물건도 오래 쓰면 귀신이 붙는다고들 한다. 과연 그 귀신이 나쁜 것일까. 물건은 무생물일 뿐이고, 거기에 붙는 감정은 과장된 잉여일 수도 있다. 그러나 오랫동안 곁에 있어 내 호흡을 함께한 일가붙이 같은 물건을 대할 때 사람의 정서는 제각기 다를 수밖에 없다.

문제는 사람의 균형감이다. 사람이 통제해야지 무생물의 지배를 받아서는 안 된다. 쌓아놓기만 하는 아버지도, 소용이 없다며 처녀적 혼수품을 버린 어머니도 과했다. 우리가 도탑게 여기고 타매하는 사소한 일들 역시 그와 다르지 않다. 잘 보내야 할 것들과 아직 버려서는 안 될 유산이 따로 있다.

사실 부모님은 외형상 정반대였지만, 사람을 대하는 태도나 처신에 있어서는 닮은 구석이 많았다. 감정의 뒤끝을 만들지 않았고, 조금이라도 남에게 폐를 끼치는 것을 싫어했다. 그런 성향은 의식적이지 않게 형제들 사이의 정서에도 스며들어 있었다.

어머니는 아버지 장례 후 집안의 허드레 물건을 대거 처분했다. 아버지가 이십 대 때 외할아버지에게 받은 옷부터 외할머니가 주신 스테인리스 사발까지 모두 버렸다. 수십 년 옷장 속에서 공간만 차지하던 옷을 버릴 때는 속으로 쾌재를 불렀지만, 외할머니 성씨 '조'가 굽에 새겨진 사발이 재활용 마당에 부려져 뒹굴 때는 마음이 싱숭생숭했다.

내 안에는 아직 아버지와 어머니가 공존한다. 잘 버리는 것도 중요하지만, 정말 버려서는 안 될 것이 무엇인지 균형감 있게 살펴야 한다. 버리고 갈무리하는 일은 평생에 걸쳐 배우는 덕목이라고 믿는다.

나는 아버지의 물건 가운데 유모(양은 도시락)만은 챙겼다. 유모는 우리가 어릴 적 수저를 번갈아 담던 도시락이었다. 오 남매의 수저를 받아냈고, 자라서는 호박씨와 커튼 고리를 받아냈으며 말년에는 쥐약을 받아내어 다급한 발걸음을 잡아채기도 했다.
우리 아버지의 노란 월급봉투 내역을 속속들이 알았던 유모는 내 손을 이끌어, 언제까지 들여다보아도 물리지 않는 시간을 보여주었다.

아직 버리지 못한 것들은 언젠가 떠나보내야 한다. 거기에 붙은 '귀신'들은 내가 살아온 정서의 덩어리다. 그것들을 정성껏 대접해 보내는 일은 내 의식과 생각을 바로잡는 일이기도 하다.

양은
밥상

바로 밑에 있던 남동생이 집으로 들어와 살기 시작했고, 군에서 제대한 조카까지 합류해 내 아들까지 포함하면 다섯이 한집에 살게 되었다. 밥상에 둘러앉으면 항상 꽉 찼다. 지금 쓰는 은빛 양은 밥상은 사용한 지 40년이 넘었다. 오래 써서 표면이 거뭇거뭇해졌다. 몇 달 전 어머니는 밥상을 새로 바꾸자며 동생과 오일장에 갔지만, 기존 크기만 한 밥상을 끝내 찾지 못하고 조금 작은 밥상을 하나 사 왔다. 그 새 밥상도 은으로 된 양은 재질이었다.

새로 산 밥상은 네 명이 앉아 숟가락을 들기에도 비좁았다. 내가 고등학생 때만 해도 어머니가 오일장에서 사 오신 밥상에는 일곱 식구가 충분히 앉을 수 있었다. 당시 아버지는 마흔이 채 조금 넘었고, 막내가 여섯 살, 그 위로 초중학교에 다니는 형제들이 있었다.

1980년대 초반만 해도 다섯 남매는 흔한 가정 구성원이었다. 그 시절엔 일곱이 둘러앉아도 넉넉한 밥상 크기가 일반적이었는지도 모른다. 하지만 세월이 흐르고 핵가족화가 진행되면서 그런 크기의 밥상은 점차 필요 없어졌다. 남동생이 인터넷을 수소문했지만 옛

크기의 밥상은 구하지 못했다. 새것을 계속 쓰기 불편해 결국 창고에 넣어두었던 옛날 밥상을 꺼내 다시 쓰기 시작했다.

그 밥상은 한 번 휴지로 닦으면 거뭇거뭇한 때가 묻어났다. 형편이 여의치 않아 독립하지 못한 자식들이 어릴 적 자신이 앉던 밥상 앞에 모여 오늘 반찬을 둘러보고 숟가락을 드는 풍경이 이어졌다. 밥상머리에 앉은 식구들이 잠시 기도하듯 눈을 굴리는 습관은 여전했다. 가족들의 온갖 희로애락이 수은처럼 배어 있는 밥상을 아직 버릴 때가 아닌 듯하다.

지금 우리 집에서 가장 오랫동안 남은 것들 중 하나가 이 양은 밥상이고, 동시에 앞으로 가장 먼저 사라질 물건도 이 양은 밥상일 것이다.

어머니
근력

　　어머니가 해주던 밥을 먹다가 스물아홉에 장가를 갔다. 집 근처에서 방을 얻어 일 년을 신혼 생활 했다. 부모님 집에 자주 와서 밥을 먹었기 때문에 따로 분가했다는 느낌보다는 바깥에서 잠만 자러 오는 기분이 더 강했다. 결혼한 해, 벚꽃이 지고 잎이 무성해질 무렵 혼례를 치렀고 석 달쯤 지나 아들이 태어났다. 육아에 서툰 우리는 정신없이 지내다 보니 해가 바뀌었고, 다시 방을 구하려 생활정보지 오일장 신문을 들고 시내를 돌아다녔다. 꼭두새벽에 일어나 생활정보지 오일장 가판대의 신문을 먼저 살피며 방 2칸에 부엌이 딸린 집을 찾는 것이 며칠간의 일과였다.

　　남보다 한 박자 빨라야 방을 얻을 수 있었다. 마음에 드는 방을 보러 가면 5분 전에 누가 계약해 갔다는 말을 들을 때도 있었다. 우여곡절 끝에 관덕정 중앙한의원 옆 바깥채 2층 집을 얻었다. 큰방 하나와 부엌 겸 작은방이 있었다. 그 무렵에도 나는 여전히 독서실을 운영했고, 빨간 표지의 대학노트에 이런저런 글을 쓰던 기억이 난다.

대학노트 첫 장에 만년필로 "미네르바의 부엉이는 황혼녘이 되어서야 날아간다."라고 적었다. 신혼여행 중에도 마음에 드는 노트를 찾아 종로서적까지 갔을 정도로 필기구와 노트에 관심이 많았다. 빨간 노트에는 태몽의 동굴 연못과 팔뚝만 한 잉어, 태어날 아기의 얼굴을 그림처럼 그렸고, 술상을 그려 맥주를 올려놓기도 했다. 자주 청소하자는 뜻에서 빗자루까지 그렸던 기억도 있다.

집을 벗어나 다른 환경에서 사는 건 쉽지 않았다. 집이 멀진 않았지만, 골목 가까이 살 때처럼 밥하기 싫을 때 어머니 집으로 쉽게 갈 수는 없었다. 이런 사소한 일들로 우리는 빠르게 독립적 삶의 방식을 만들어갔다. 그래도 부부는 정기적으로 본가에 가서 밥을 먹곤 했다.

어느 늦봄이었다. 오랜만에 사무실을 나와 용담 집에 들러 점심을 먹으려 했다. 부엌은 바깥보다 유난히 선득하게 느껴졌다. 어머니는 촌의 과수원에 가셨는지 집에 없었고, 아버지는 직장에, 막내는 학교에, 갓 입사한 남동생도 새벽 출근을 해서 집은 고요했다. 국을 데우고 밥을 뜨는데 낯익지만 묘한 냄새가 났다. 어린 시절 익숙하던 그 냄새였다. 나는 어머니 나이를 떠올렸다. 쉰다섯. '우리 어멍도 쉰다섯이구나' 생각했다. 식탁 위 은빛 양은 밥상에는 식은 각재기(전갱이) 조림과 된장국이 놓여 있었다.

그동안 갓난아기 분유를 타며 지내느라 배냇냄새에 익숙해져 있었는데, 문득 오래전에 껴안았던 성 할머니의 냄새가 코끝에 스쳤다. 내게 있어 어머니가 할머니 신분이 되는 첫 접점의 순간이었다. 그즈음 마당에는 도화나무 세 그루가 있었다. 모두 이전 집에서 옮겨온 나무들이었다. 아버지가 예전에 열 그루를 사다 일부를 현재 집으로 옮겼던 것이다. 나는 남동생과 친구들의 도움으로 삽과 곡괭이로 나무를 파 옮겼고, 리어카로 날라 심었다. 복숭아나무는 집에서 매해 꽃을 피우고 열매를 맺었다.

직원 둘과 함께 집에 갔을 때, 대문을 열자마자 복숭아가 주렁주렁 열린 모습에 직원들은 감탄하며 따먹기 시작했다. 그날 어머니는 아마 촌 과수원에 갔을 것이다. 그런데 그 해가 복숭아나무의 마지막이었다. 이듬해 아버지는 그 나무들을 모두 베어버렸다. 막내의 잦은 가출과 동네의 수군거림, '복숭아나무 때문에 집안이 그렇다'는 억측들이 겹쳤기 때문이다. 아버지는 막내 때문에 어머니와 자주 다퉜고, 나도 아버지와 싸웠다. 가족의 소용돌이는 내 시 「안개 속의 도화나무」가 되었다.

그 무렵 어머니에게서 성 할머니의 냄새가 본격적으로 풍기기 시작했다. 여성적 생기가 줄고 살비듬이 늘어난 것 같은 변화들이었다. 막내 문제로 가중된 남편의 짜증도 원인이었을지 모른다. 어머니의 근력이 쇠해진 느낌이었다.

한 해가 지나면 사람은 늙는다. 나이가 정해진 시기처럼 느껴지지만, 사실은 조금씩 쇠락해가는 과정이다. 내일모레엔 관절염으로 통증이 심해질 수도 있고, 비정상적 세포 분열로 이어질 병이 찾아올 수도 있다. 살과 뼈는 끊임없이 제 갈 길을 가고 있다.

내 몸의 근원은 어머니다. 아버지의 박봉을 모아 1970년대 중반 제주시 회천동에 밭을 산 적이 있다. 길도 없고 밭과 밭 사이인 네 마지기 남짓한 땅이었다. 어머니는 서른 중반이었다. 그 밭은 우리 소유로 약 2년 정도 있었던 것 같다. 어머니는 우리 형제를 놔두고 촌에 가서 소작하며 끊임없이 자작농을 꿈꿨다. 아버지는 잦은 발령으로 농사지을 틈이 없었다. 모든 것이 어머니의 몫이었다.

내가 세상에 익숙해지기 시작했을 때 처음 마주한 풍경은 어머니의 노동이었다. 나에게 어머니의 든든한 근력은 등에 업혀 다니던 기억과 맞닿아 있다. 어머니에 대한 나의 무의식을 해부해보면, 자궁에 들어서던 순간부터 더 깊은 어떤 세계가 있었을 것이다.

중3 때 회천 밭을 팔고 과수원을 사면서 어머니와 나는 본격적으로 생계형 노동을 시작했다. 그때부터 나는 어머니보다 힘이 더 세지기 시작했다. 단순한 힘의 차이였지만, 어머니는 내 근력을 요긴하게 쓰려 궁리했을 것이다. 용담 킹마트 근처 용화부락에 살 때, 어머니는 부식거리를 마련하려 근처 자투리땅을 빌려 밭을 일궜다.

나는 어머니를 도와 쇠스랑을 들고 이랑을 냈고, 1년쯤 지나 다시 같은 땅을 일궜다. 어느 날 저녁밥상에서 어머니가 '네가 힘이 제법 세졌다'고 칭찬했을 때 나는 코밑이 거무스름해진 청소년이었다.

과수원을 가꾸며 모자는 바빴다. 고등학교 1학년 때부터 주말과 방학이면 과수원에 들락거리며 일했다. 같은 일을 해도 어머니의 손놀림 숙련도는 나와 달랐다. 어머니의 근력은 단순한 힘의 크기보다 손의 숙련과 터득에서 나왔다.

이틀 전이었다. 밥통을 열고 주걱으로 밥그릇에 밥을 담으려는데 사발 안쪽에 티끌처럼 마른 밥알이 붙어 있었다. 수세미로 씻어내지 못한 밥주알이었다. 노화를 겪지 않은 내 눈에도 어머니의 근력이 쇠해진 것이 보였다. 급히 설거지하다 생길 수 있는 일일 수도 있지만, 숟가락 아랫부분에도 눌어붙은 밥주알이 심심치 않게 보였다. 87세로 돌아가신 성 할머니도 그러셨다. 할머니가 우리 집에 계실 때 어떤 찬이 있어도 먹지 않으려 했던 이유가 덜 씻긴 그릇과 수저 때문이었다.

지금 생각해보면, 어머니는 그때 이미 성 할머니의 나이쯤 된 셈이었다. 앞서가신 할머니들의 근력 변화로 어머니의 행보를 짐작해볼 수 있지만, 이 불효자는 그래도 어머니가 만든 밥을, 눌어붙은 밥알이 있어도 오래도록 먹고 싶은 마음을 버리지 않을 것이다.

예장(禮狀)

조부가 친필로 쓴 예장을 꺼내어 가족 사진첩에서 부모의 결혼사진을 함께 들여다본다. 계절을 알리는 복장에 먼저 눈이 간다. 머플러를 두른 여성의 모습으로 보아 초겨울쯤이었을 것이다. 결혼 당일 아버지는 친지나 친구들과 함께 나무상자에 예장을 넣고 비단 보따리를 감싸 신붓집으로 우시(圍繞)를 갔을 터이다. 지금은 풍습이 많이 간소화됐지만, 내가 장가갈 때만 해도 신랑 측이 처가로 우시를 가는 풍습이 남아 있었다.

예장의 내용은 아마도 '귀댁의 자녀를 며느리로 맞이하게 된 것을 기쁘게 여긴다'는 뜻과 감사의 말씀이었을 것이다. 천편일률적이라 표현이 몇 토씨만 달라질 뿐 대부분 복사판 같았을 것이다.

내가 아버지의 예장을 손에 넣게 된 것은 1997년 가을 외할머니가 돌아가시고 행장을 정리하던 중 발견했기 때문이다. 외할머니의 강박 같은 성격 때문인지 오래된 자개무늬 서랍 칸 속에는 잡동사니가 숨 쉬고 있었다. 그 안에는 당시 국회의원 홍보물도 있었고, 어머니가 외할아버지에게 보낸 '아버님 전상서'로 시작하는 부치지 못한 편지도 있었다. 세월이 흐르며 이름들은 잊혔지만 라면 봉지가 남아 있던 기억도 난다.

예장을 펼쳐볼 때는 대수롭지 않게 획획 넘겼지만, 자세히 들여다보니 달필이라기보다는 흙과 씨름하던 육십 중반 농부의 손이 배인 글씨였다. 글씨는 고졸하고 비뚤비뚤했으며, 촌부의 부끄러움과 예법에 뒤지지 않으려는 안간힘이 전해졌다. 문적 없는 양반가의 겉치레가 아닌 민낯이 그대로 드러나 마음이 착잡했다.

아버지가 돌아가신 지 십 년이 넘었고, 삼촌을 비롯한 친지들도 모두 세상을 떠났다. 고향에 가도 익숙한 웃어른은 보이지 않고 사람들은 낯설게만 느껴진다. 아버지가 생전에 들려주던 집안 이야기가 하나 떠오른다.

친지 한 분이 구덕(바구니)에 물항아리를 걸머지고 한림 옹포로 춘리 술을 사러 떠났다. 옹포에는 술 공장이 있었고 그 술을 '춘리'라 불렀다. 친지는 새벽에 떠났는데 밤이 깊도록 돌아오지 않자 사람들이 동구 밖으로 마중을 나갔다. 월림을 조금 지나 컴컴한 길가에서 높은 돌 위에 구덕이 벗겨진 채 놓여 있고, 친지는 정신을 잃고 쓰러져 있었단다. 사정인즉, 구덕을 돌 위에 내려놓았다가 항아리가 금이 가면서 춘리가 쏟아져 돌 위로 흘렀고, 귀한 술을 아깝게 여긴 친지는 그대로 마셨다. 알코올 원액을 마신 탓에 혼절했고, 혼례 날 밤 아버지는 궁여지책으로 구한 술을 마시고 초가 신혼방에서 곱사춤을 추며 배호의 노래를 불렀을 것이다.

    예장 행간에는 그런 에피소드들이 줄줄이 달려 있다. 뼈대가 굵었던 아버지는 체구와 달리 약간의 미성이 있었다. 집에서 파자마와 러닝셔츠를 입고 흘러간 노래 몇 소절을 소슬바람처럼 부르던 모습이 자주 떠오른다.
    나는 예장을 접어 한지 봉투에 넣어둔다. 옛사람은 없고 이야기는 남았다.

포도
담금주

　　　　　　　　　내가 본격적으로 술을 마시기 시작한 때가 언제였을까. 본격적이라는 건 어른의 술 세계로 들어간 시점을 말한다면, 아마 열여덟 무렵이 맞을 것이다. 그 계기는 대부분 수학여행이나 소풍 같은 자리였다. 예기치 않은 몽정처럼 찾아온 경험과 함께 술은 어른으로 가는 출입구 같은 표징이었다. 아버지의 낡은 등산가방에서 샴페인을 조심스레 꺼내며 어색하게 웃어 보이면, 교련복을 입은 친구들은 양손을 들어 환호했다. 어떤 친구는 국산 양주인 캡틴큐를 손바닥으로 가려 놀라게도 마셨다.

　그 시절 아이들은 다들 코끝에 맴도는 알코올 기운이 어떤 물질인지 어렴풋이나마 알았다. 긴장한 어느 날, 작정하고 알코올을 받아들이면, 맑던 몸은 가역반응에 들어갔다. 몸 안의 질서가 흐트러지고, 눈앞의 모든 상상이 실현될 것만 같은 착각이 들었다. 알코올은 어떤 단계를 건너뛰게 한다. 새가 되어 날아갈 수 있고, 선생님에게 반항할 용기도 생기며, 누가 자신을 비웃으면 즉각 응징할 대담함도 생긴다. 그런 마법에 엮여 있으면, 깨고 난 뒤에도 그때의 상황을 잊지 못하곤 했다. 몸은 전에 겪지 못한 두통을 보내기도 하고, 숙취를 겪고 나면 경고장을 받아들이는 이들도 있었다. "아, 술을 마시면 내가 죽을 수도 있겠구나." 알코올이 내게 보내는, 어쩌면 조상 같은 경고였을지도 모른다.

초등학교 5학년 무렵 어머니가 잠깐 포도 장사를 하셨다. 남은 포도를 손질해 적당한 항아리에 담고 소주를 부어 담금주를 만들었다. 아버지가 식사 때 반주를 즐기셨으니 그 용도였을 것이다. 얼마 지나지 않아 내가 항아리 뚜껑을 열고 손을 댄 것은 술 때문이 아니라 단맛이 그리웠기 때문이다. 그때 아버지는 다방용 커피잔을 가끔 근무지에서 가져오곤 했는데, 지금은 어머니가 정리하면서 사라졌다. 나는 광목천을 덮어 칭칭 둘러맨 고무줄을 풀고 잔을 항아리 안으로 넣어서 걸쭉한 술을 가득 채웠다. 항아리에서 올라오는 알코올 냄새쯤은 문제되지 않았다.

단맛에 이끌려 다섯 잔을 마셨다. 몇 분 지나지 않아 온몸이 불에 달아오른 듯 뜨거워지기 시작했다. 나는 벌거벗은 채 마당 수돗가에 들어가 깔깔거리다 그 물놀이가 시들해지자, 외사촌 누이가 안쳐놓은 저녁 밥물에 신김치를 넣는 주사를 부렸다. 어머니는 이미 시골에 내려가 농사짓고 계셨다. 어른이 없는 집안에서 가족들은 나를 피해 밖으로 나갔다.

그때 앞집에 사는 내 또래의 소녀가 무심한 얼굴로 나를 바라보고 있었다. 소녀의 냉랭한 시선이 나를 제정신으로 돌려놓았다. 나는 재빨리 옷을 주워 입고 외사촌 누이에게 하던 일을 계속하라고 말했다. 만약 소녀의 눈빛이 없었다면, 나는 훗날, 주사로 술자리를 망치는 행동을 반복했을지도 모른다. 그 최초의 우연한 음주는 어쩌면 훗날 술꾼이 되어갈 나침반 역할을 했을 것이다.

말똥버섯

나와 아버지는 할머니 산소 근처를 두어 시간째 배회만 하던 중이었다. 모든 게 안개 때문이었다. 오라목장 주변 지형지물이 안개에 묻히고 나니 지형은 완전 딴판이었다. 아버지는 걷다가 자꾸만 허리를 굽혀 뭔가를 땄다. 꼭지가 둥글게 생겼는데 아버지는 그걸 말똥버섯이라고 불렀다. 그 즈음해서 방송에서는 연일 독버섯을 먹고 일가족 참변 어쩌고 등을 내보냈기 때문에 나는 식겁했다. 나는 불안한 말로 아버지를 말렸다.
"아버지 그런 거 따지 맙서. 독버섯아니꽈, 큰일 납니다."

나는 겁없는 아버지 손끝이 미덥지가 않아 흰소리를 늘어놨다. 부자는 오전을 지나쳐 오후가 되어서도 산소를 찾지 못했다. 비옷도 우산도 없이 둘은 안개 수렁에 빠져 홀딱 젖고 말았다. 아버지는 사태가 글렀다고 판단한 듯했다. 거의 세 시간을 헤맸으니 할머니 산소를 찾는다 한들 사촌들은 이미 벌초를 끝내고 돌아갔을 터였다.

안개 낀 목장 지대를 헤매다 귀가하고 보니, 시내는 비가 내리고 있었다. 흠뻑 젖은 옷을 갈아입고 늦은 점심을 먹으려니 마땅한 찬이 없었다. 어머니는 종일 집에 안 계셨고 동생들만 있었다. 날씨도 추적이고 버섯도 땄겠다 아버지 카드는 뻔했다. 아버지는 라면을 좋아했고 즐겨 끓여 먹었다. 술 마신 뒷날에는 반드시 어머니에게 라면을 내오게 했다. 다른 건 몰라도 우리 집에 끊이지 않았던 것 중의 하나가 라면이다. 한동안 삼양라면을 모셨는데 안성탕면이 라면계에 떠오르는 서민 상표가 되면서 그 후로 아버지는 죽을 때까지 그걸 위 속에 모셨다. 아버지는 열 봉지의 라면을 먹는다 치면 여덟 봉지는 직접 끓였다.

어머니의 조리법을 탐탁지 않게 생각했고 손수 보글보글 끓는 면발에 각종 야채를 넣어서 자기만의 방식으로 입맛을 돋우었다. 사실 따지고 보면 우리 형제들은 라면만큼은 어머니보단 아버지가 끓여준 게 더 많았을지도 모르겠다. 아버지는 라면에 느끼한 맛을 죽이고 싶을 땐 된장을 풀어 넣었고 찌개처럼 맛을 내어 반찬으로 먹을 땐 라면 반 개를 넣고 양하 따위를 넣거나 감자를 어슷어슷하게 썰어 넣기도 했다.

"점방에 강 라면 다섯 개만 상 오라."
늦은 점심으로 라면을 먹자는 뜻이었다.
"아방, 난 안 죽젠마씀."
형제들도 아버지가 따 온 버섯이 쥐약에 가까운 위험한 물건이란 걸 알아차렸다. 나는 아버지가 잠시 마당에 야채를 거두러 간

틈을 타서 저게 얼마나 위험한 버섯인지를 강조하고 너희들도 죽고 싶지 않으면 절대 먹지 말라고 세뇌시켰다. 나는 아버지에게 라면을 끓이기 전에 만일 버섯을 거기 넣게 된다면 절대 먹지 않겠다고 말했다.

아버지는 '먹기 싫으면 먹지 말라. 나 혼자 다 먹겠다'며 아무래도 좋다는 식으로 강요하지 않았다. 아버지는 자신이 먹을 라면은 연탄불에서 끓이고 자식들이 먹을 라면은 곤로에서 끓였다. 드디어 라면은 다 끓여졌고 냄비와 솥에서 끓인 라면이 둥근 양은 밥상에 올라왔다.

나는 라면 냄새를 맡는 순간 침을 꼴깍 삼켰다. 향긋하고 칼칼한 냄새가 묘하게 식욕을 자극했는데 아버지 냄비에서 올라오는 게 분명했다. 나는 그 순간, 저승 문턱에서 길 잃고 분별없는 자기 식탐을 후회할 아버지를 보는가 했다. 우리 형제자매 중에서 누군가 마음이 변해 먹을까 봐서 면사리 두 개를 넣고 예의 각종 야채까지 넣은 것이다.

평소 보기 힘든 버섯을 넣었기 때문에 궁합으로 한일 소주가 딸려 오는 건 당연했다. 초가을로 접어드는 비가 추적였다. 먹돌새기로 이사 가기 전이라서 우리 집은 슬레이트를 지붕으로 덮었고 마당 양쪽으로 등나무를 심었기 때문에 그 줄기가 지붕을 덮었다. 마루에서 라면을 먹다가 바람이라도 불라치면 등나무 이파리들이 우수수 떨어지는 게 보였다.

나는 빗줄기 무게를 감당하지 못하고 간간이 떨구는 이파리 신세로 전락하여 이제 곧 배를 부여잡고 뒹굴 아버지의 고통스런 비명을 기다렸다. 나와 동생들은 라면 국물에 밥까지 다 말아 먹었는데 아버지는 느리게 반주를 곁들이고 라면을 먹는 중이었다.

평소보다 먹는 시간이 유난히 길다 싶게 아버지는 세월아 네월아 하면서 천천히 버섯을 씹고 면발을 소리 나게 쩝쩝거렸다. 나는 아버지가 목울대를 서너 차례 꿀꺽거리면서 냄비를 들어 국물을 먹는 모습을 지켜봤다. 냄비를 내려놓은 아버지 얼굴은 벌게졌다. 자연히 냄비에 눈이 갔는데 내용물이라고는 바닥에 모래알처럼 흩어진 스프 알갱이와 고춧가루밖에 보이지 않았다.

비록 할머니 산소를 찾지 못해 벌초도 못하고 돌아왔으나 에미는 막내아들의 정성이 갸륵해 목장에 흩어진 말똥들을 버섯으로 만들어주었을지 모를 일이었다. 아버지는 아주 흡족한 표정으로 두 다리를 쭉 뻗고 양팔을 어깨 뒤로 뻗어 마루를 짚어 내린 채 마당에 내리는 비를 바라보고 있었다. 카세트에선 배호의 노래, <돌아가는 삼각지>가 나오는 것은 물론이겠다. 훗날 숨이 끊어진 아버지의 시신을 어루만지던 방안에 선율도 저 노래였다.

DDT
보리밥

집안 형편이 남루하던 시절, 한 달여 동안 DDT를 뿌린 보리쌀로 밥을 지어 먹은 적이 있었다. 그 일에 관해 식구들에게 물었지만, 그들은 기억하지 못했다.

어머니는 30대 초반에 괜찮은 교양지였던 《샘터》를 사서 읽은 적이 있었다는 사실 조차 기억하지 못했다. 특별했을 텐데 그걸 떠올리지 못하는 어머니를 보며 나는 어머니의 삶을 누군가에게 빼앗긴 것 같아 애석했다. 두 살 아래 여동생도 DDT 뿌린 보리쌀로 밥을 지어 먹은 일이 있었느냐고 반문했다.

오늘은 아버지 제삿날이었다. 나는 어머니가 친정에서 가져오던, 외할머니가 보리쌀에 DDT를 뿌리던 일을 꺼내 물으려 했지만 가족들은 뜻밖의 표정으로 나를 바라보았다. 외할머니는 보리쌀에 이는 벌레를 죽이려고 한 줌 쥔 DDT를 쌀부대에 넣어 이리저리 뿌렸고, 아마 여러 차례 뒤집어가며 말렸을 것이다. DDT의 심각한 폐해가 사회적 문제로 대두되기 전, 새마을운동이 한창이던 시절의 일이었다.

그때 나는 초등학교 5학년이었다. 경찰관이던 아버지는 제주시 외곽을 돌아다니느라 집을 자주 비웠고 봉급은 넉넉지 않았다. 가끔 집에 들르면 노란 월급봉투를 꺼내 남은 돈을 주거나 시치미를 떼기도 했다. 어머니는 외할머니가 준 약간의 돈과 친정 밭의 유채 농사로 생활을 이어갔다.

어머니는 외할머니에게서 보리쌀이나 좁쌀을 얻어와 연탄불로 밥을 지었다. 그즈음 식용유는 거의 쓰지 않았고, 참기름과 구별하기 힘들었던 됫병에 든 짙은 갈색의 유채기름은 원없이 먹었다.

내가 DDT 보리밥을 잊지 못하는 이유는 헛구역질 때문이다. 세 순가락에 한 번꼴로 밥 냄새에 역겨움이 올라와 위가 들썩였다. 양푼에 나무 주걱으로 갓 푼 보리밥에서 스멀거리던 농약 냄새가 아직도 코끝에 남아 있다. 후각이 예민했던 아이들이어서 DDT 보리밥은 배를 채우기 위한 마지못한 끼니였다.

밥상머리에서 우리 형제들은 수저질을 멈추고 엇박자로 헛구역질을 했다. 어머니는 여러 차례 씻었다고 말하며 미안한 표정을 지었고, 날마다 보리쌀을 더 많이 씻어댔다. 내가 기억하는 어머니의 '스무 번 씻었다'는 말이 사실인지 세월이 흐르며 왜곡되었을 수도 있다. 결국 DDT 보리쌀은 바닥나고 이후로 집에서는 납작보리로 밥을 지었다. 양푼에 달그락거리는 수저 소리가 맑은 종소리처럼 들리던 그날의 밥은, 내가 기억하기로 세상에서 가장 맛있었다.

어머니는 나이가 들어 그때 일을 떠올리지 못하고, 여동생은 긍정적이라 기억을 밀어냈으며 남동생은 너무 어려서 기억하지 못하는 것이다. 나는 장년기 후반에 이르렀지만, 밥물이 끓을 때 집안에 퍼지던 농약 냄새와 그 풍경을 아직도 잊지 못한다. 혼자 먹기에는 양이 많아 나는 멍하니 오래된 나무 밥상 위에 김이 피어오르는 양푼의 DDT 보리밥을 바라본다.

DDT의 폐해를 고발한 『침묵의 봄』의 저자 레이첼 카슨 할머니가 내 소년 시절 밥상을 본다면 대경실색하겠지만, 시간이 지나면서도 그 DDT 보리밥을 향한 감정이 안온해지는 이유가 무엇인지 나는 자꾸 되묻는다.

바늘

여동생은 초등학교 6학년이었고, 집에서 막 바느질에 재미를 붙일 즈음이었다. 나는 까까머리 중학교 2학년이었다. 초겨울이라 해는 짧았고 마루에는 어스름이 내려앉아 있었다. 누이는 안감을 대어 방석을 만들다가 마루에 놓아둔 채 밖에 놀러 나갔다. 집 안은 텅 비어 있었다. 나는 안방에서 텔레비전을 보는 중이었다. 물을 마실려고 마루를 지나 부엌으로 가다가 누이가 만들다 만 방석을 밟았다.

뚜둑 하는 소리가 나더니 발바닥 가운데에서 섬뜩한 통증이 솟아올랐다. 아차 싶었다. 여동생이 찔러놓은 바늘을 재수 없이 밟은 것이었다. 나는 나동그라지며 얼굴을 찡그린 채 왼발바닥을 부여잡고 살펴보았다. 분명 바늘이 박힌 듯했으나 부러진 바늘은 보이지 않았다. 방석에서 실이 꿰어 있던, 바늘귀가 달린 부러진 바늘 절편을 찾아냈다. 새끼손가락만 한 바늘은 정확히 반쯤 부러져 있었다. 그렇다면 나머지 반은 내 발바닥 속에 남아 있는 게 틀림없었다. 어머니가 '바늘은 피부 속으로 들어가면 나선형으로 파고든다'는 말을 해준 게 떠올랐다.

형제들이 놀다가 들어왔고 여동생도 왔다. 나는 "너 때문에 바늘에 찔렸어!"라며 악다구니를 썼다. 밖은 이미 어두워졌고, 나는 사라진 바늘 조각이 마루 어딘가에 있을 거라고 생각했다. 방석 주변을 빗자루로 훑고 형제들은 마루 구석구석을 샅샅이 뒤졌다.

부러진 바늘은 끝내 나오지 않았다. 발바닥 속으로 들어갔다는 결론밖에 남지 않았다.

그날 밤은 잠이 오지 않아 어떻게 잠들었는지 기억나지 않는다. 백열등 아래 붉은 반점만 남긴 채 몸속으로 사라진 바늘을 떠올렸다. 무서워 발도 씻지 않았다. 바늘이 혈관을 타고 돌아다니기 전에 빼내야 한다는 일념으로 어머니를 졸라 병원에 가자고 했다. 어머니는 큰아들이 어쩌다 화를 입으니 걱정할 수밖에 없었고, 바늘은 어떻게든 빼야 했다. 의료보험 제도가 막 태동하던 시절이었다.

다음날 병원에 갔더니 방사선실은 휴무였다. 할 수 없이 집으로 돌아와 하루를 지체했다. 응급 의료 체계가 지금과는 크게 달랐던 시절이었다. 병원에 가느라 나는 학교를 쉬었다. 날씨는 돌변해 추워졌다. 택시를 탔는지 걸어갔는지 그 부분은 흐릿하다. 방사선실에서 발목을 탁자 위에 올려 엑스레이를 찍었다. 한참 복도에서 기다리다 담당 의사의 호출을 받았다.

진료실에 들어가 보니 찍어온 내 발목 사진이 걸려 있었다. 살이 거의 드러난 정강이뼈와 하얗게 보이는 뼈의 모습이 눈에 들어왔다. 뒤쪽 들창으로는 너부적하게 함박눈이 펑펑 내리고 있었다. 진료실에는 스팀이 스며들고, 눈발이 흩날리는 풍경과 스팀 소리가 내 주의를 사로잡았다.

의사가 하는 말은 잘 들리지 않았다. 엑스레이상 바늘은 보이지 않는단다. 나는 절룩거리며 병원을 나섰다. 어머니는 엑스레이값으로 5만 원을 냈다. 당시 학교 구내식당의 국수가 100원이었던 것을 떠올리니 그 비용이 크게 느껴졌다.

아침 일찍 나와 엑스레이 찍고 진단받느라 오전을 허비했다. 의사 말에 안도했지만 마음은 개운치 않았다. 가족들이 반쪽의 바늘을 찾아 애썼으나 보이지 않았으니, 내 생각은 발바닥 속에 있다로 기운 상태였다. 만약 바늘을 밟은 날 병원이 문을 열어 즉시 엑스레이를 찍었다면 마땅히 보였으리라, 휴진 때문에 하루를 허비한 게 못내 아쉽다.

그날 나는 시커먼 동복 단추를 꿰매고 병원에 갔다. 집안의 대소사 때도 교복을 입곤 했는데, 교복은 사복의 위축을 상쇄해주는 일종의 가림막 역할을 했다. 나는 어머니보다 손가락 한 마디쯤 작았고, 목소리도 아직 변하지 않았다. 앞서 걷는 어머니 뒤를 콩벌레처럼 웅크리고 더디게 걸었다. 눈보라가 모자를 향해 몰아쳐서 앞을 분간하기 힘들 정도였다.

서문다리를 건너가는데 체육복을 안에 받쳐 입었어도 맨살로 눈을 맞는 것처럼 추웠다. 다리 밑을 지나는 바람은 속을 에이는 듯했다. 어머니가 여러 번 돌아보며 말했다. "세홍아, 호끔만 더 글라, 다리 지낭 점방에서 호빵 사주마." 그 말에 나는 반색해 다리 건너편 상점 입구 한구석에서 김이 모락모락 나는 호빵 통을 보았다.

긴장감이 풀리자 배가 고팠다. 병원 2층에서 발목 사진을 배경으로 내리던 눈을 보던 기억이 순간 스르르 사라진 건 바늘 끝이 가리킨 그 호빵 때문이었는지 모른다. 소년의 근심은 그날 이틀 동안 죽을 수도 있다는 명제를 두고 홀로 싸웠다. 홀로 어미의 자궁을 열고 빛을 보았으나 눈꺼풀을 닫는 일은 자신의 의지와는 무관하다는 것을 깨달았던 것이다.

어머니는 연탄불 위 뜨거운 통의 문을 열고, 잘 부풀려 김이 모락모락 피어오르는 둥근 호빵을 꺼냈다. 어머니는, 호빵을 뒤집어 번갈아 손에서 열을 식히는 내 모습을 바라보았다. 삶과 죽음을 떠돌다 다시 살아야 할 오늘을 호빵으로 위로하는 아들이 안타까웠을 것이다. 나는 호빵을 천천히 뜯어 먹으며 바늘이 몸속을 도는 상상을 했다. 평소 좁쌀밥과 된장국으로 연명하던 시절, 호빵의 부드러움은 모든 것을 잊게 만드는 사치였다.

어머니는 내 허기를 달래기 위해 자기 몫을 내주었다. 나는 호빵을 네 개나 먹고 나서야 마음이 조금 가라앉았다. 비감 섞인 안도감과 어머니의 숨은 걱정이 입안에서 뒤섞인 호빵 맛은 오래도록 기억에 남았다.

지금도 눈 내리는 날이면 그때 호빵과 함께했던 몸의 통증과 허기, 불안이 연쇄적으로 떠오른다. 그 경험이 남긴 풍경이 내 안 어딘가를 쑤시게 하는 이유일 것이다.

아버지와
먼 길을 걷다

　　아버지가 돌아가시기 얼마 전 이야기다. 자정이 되려면 한 식경쯤 남은 시각이었다. 모기향을 피워 놓고 샤워를 마친 뒤 방에 앉아 있는데, 어머니가 힘이 빠진 모습으로 내 방문 앞에 서 있었다.

　"세홍아, 화장실 앞에 강 보라. 난 아방 몸 무거워 데령 오지 못허켜."

　어머니는 차분히 말씀하셨지만, 아버지가 자꾸 어지럽고 일어섰다가 주저앉는다고 했다. 아버지는 뼈대가 굵은 분이어서 체중이 좀 나가는 편이었다. 나는 위에서 출혈이 생겨서 그런 것이라고 생각했다. 아버지는 위벽이 약해져 천공이 생겼고, 그곳으로 피가 스며 나왔던 것이다. 어지럼증은 그 때문이라고 판단했다.

　아버지는 병원에서 여러 차례 내시경으로 위를 꿰맨 적이 있었다. 당시에도 피가 뭉쳐 시커먼 대변을 보았고, 아무것도 드시지 못했다. 나는 속으로, 살아생전 마신 술과 삶의 앙금들을 다 토해내야 그 길을 걸을 수 있을 거라고 생각했다. 그런 원망과 애증이 뒤섞여 내 머릿속을 맴돌았다.

　우리 집은 남향의 구십 평 대지에 자리했고, 대문 옆에 외부용

화장실이 있었다. 아버지는 화장실 앞에 주저앉아 있었고, 그 무렵엔 술 마실 기력조차 없었다. 화장실에서 현관까지는 불과 열 걸음 남짓. 아버지는 통증을 꾹 참는 분이었다. 평소 독감이나 다른 병에도 그 깊은 숨소리로 고통을 녹였지만, 그날은 일어나지 못하고 있었다. 술에 취해 못 일어나던 모습과는 달리, 맨정신의 아버지가 겨우 체중을 지탱하며 걸음을 떼는 장면은 더 비장했다.

"아버지, 일어서기만 해봅서."
"이제랑 호끔 디뎌 봅서."

한 걸음 떼고 반 시간을 쉬고, 또 한 걸음 떼고 쉬는 식이었다. 구멍 난 위에서는 피가 새어 나왔고, 아버지는 어지러움을 참아가며 한 걸음을 위해 남은 힘을 쥐어짰다. 현관까지 겨우 부축해 옮겼을 때는 날이 훤히 밝아왔다. 부자는 밤의 어둠을 등에 지고 열 걸음도 안 되는 거리를 함께 걸었다. 나는 지쳐 곧장 방으로 들어가 아무렇게나 널브러져버렸다. 아버지도 잠든 듯했지만 거의 의식을 잃은 상태였다.

그날 초저녁 우리는 구급차를 불렀고, 아버지는 응급실에 입원했다. 위를 꿰맨 뒤 4일을 병원에서 보내고 퇴원하셨다. 그 후 한 달을 더 사셨다. 마지막으로 복수를 빼러 갈 때는 막내와 함께였다. 며칠 전 병원 근처에서 해장국을 드셨다는 이야기를 하셨기에, 그 집 해장국을 더 드시고 싶다고 하셔서 찾아갔지만 그날은 정기휴일이었다. 돌아서던 아버지의 쓸쓸한 표정을 상상하면 마음이 편치 못하다. 아버지는 결국 마지막으로 원하던 음식 한 그릇을 얻지 못했다.

막내가 안방에서 아버지를 위해 미지근한 물을 떠왔다. 막내가 아버지를 불렀고, 아버지는 겨우 "응" 하고 대답했다. 그 '응'이라는 소리는 남은 힘을 다해 낸 것이었다. 아버지는 숨이 붙어 있는 동안 유언 한마디 남기지 못했고, 남긴 말은 단 한 번의 '응'뿐이었다.

그날 밤은 아버지의 마지막 밤이 되었다. 어머니는 한 보름만 더 버텨주었으면 했고, 자손이 한여름에 제사를 지내야 하는 것을 미안스럽게 여겼다. 그러나 수명은 하늘이 정한 바였다. 그날 나는 아버지와 여섯 시간을 걸었다. 수많은 날들이 있었음에도 불구하고 평소 나는 왜 그렇게 아버지와 빈곤한 시간을 보냈던 것일까. 후회와 회한이 꼬리에 꼬리를 물었다. 치유되지 않는 시간은 그대로 두는 수밖에 없다. 모든 것을 다 이룰 수 없는 것이 삶의 이치인지도 모른다.

수목
제사

집 안 허드레 물건을 치우다 종이 박스에 아무렇게나 담긴 옛 사진들을 펼쳤다. 장면을 넘길수록 우리 집 뒤편 그늘에서 다른 얼굴들이 번졌다. 식구들과 함께 늙고 숨 쉬던 생명들이었다. 마당에 뿌리 내린 나무들과 계절마다 옷을 갈아입던 잡풀까지, 결국 식구들의 밥 냄새와 웃음, 한숨에 고스란히 배어 있었을 것이다.

사진을 더듬다 보니 이삿날이 따라왔다. 용담 킹마트 아래 용화 부락에서 지금 터로 옮길 때, 큰 짐은 용달차에 실었다. 남은 살림과 나무는 리어카 몫이었다. 그 리어카를 친구 네댓 명이 매달려 끌고, 동생들은 제 친구들과 밀었다. 스물두 살의 나, 열여덟, 열다섯. 삼 형제가 앞장서고 손이 다섯씩만 붙어도 사람 수는 금세 스물을 넘겼다. 리어카 바퀴는 묵은 길과 신작로를 하루에도 몇 번이고 오갔다.

살림을 옮기고 맨 마지막에 수목을 옮겼다. 묵은 집 마당에서 삽날을 박고 괭이로 뿌리를 더듬어 일으켰다. 제일 버거웠던 건 황도복숭아나무였다. 아버지가 심은 열 그루 남짓의 나무 중 그 집에서 끝내 살아남은 건 세 그루뿐이었다. 새집으로 옮긴 뒤 몇 해 지나자 황도복숭아는 컨테이너 가득 열렸고 손끝에는 늘 단물이 묻었다. 대추나무도 파서 눕혔다가 다시 세웠고, 신품종 무화과며 작은 나무들도 몽땅 데려왔다.

그 무렵 묵은 집은 우리가 이사 가기 며칠 전, 어머니와 내가 촌에서 딴 귤을 선과장에 부치러 간 사이 팔려 나갔다. 돌아오니 아버지는 낮부터 집값 흥정에 따른 술기운으로 얼굴이 벌겋게 달아 있었다. 집값은 어머니가 기대한 만큼 나오지 못했다. 어머니는 나를 불러 앉혀 핫핫한 속내를 토했고, 나도 마음이 무거웠다. 맨정신으로 값줄다리기를 했더라면 어땠을까, 하는 생각이 들었지만 흥정은 이미 끝난 뒤였다.

묵은 집의 등나무는 팔뚝만 한 줄기가 처마를 감아 손댈 엄두가 나지 않았다. 개복숭아와 대문 옆 큰 무화과도 그대로 두고 왔다. 수돗가로 통하는 올레 양쪽에 줄지어 선 편백나무, 마당 남쪽 화단의 팽나무와 오죽, 용설란은 이미 우리가 감당하기 버거운 덩치로 자라 있었다. 새집으로 옮기기엔 너무 컸다.

오죽에는 사연이 있다. 이사 오기 십 년 전쯤, 아버지가 원인 모를 병으로 안방에 누웠을 때 외할머니가 사흘간 굿을 열었다. 북장단이 빨라지고 목이 갈라질 무렵, 비양도 정상에서 들었다는 혼이 아버지 콧구멍 양쪽으로 푸른 연기로 뿜어 나오는 것처럼 보였단다. 외할머니는 그 오죽을 베어 배방선을 만들고, 그 혼을 배에 실었다. 이튿날 새벽, 백부가 배방선을 들고 다끄네 포구로 나가 제물과 함께 바다로 떠나보냈다. 굿이 끝나고 이틀 뒤 아버지는 다시 출근길에 섰다.

새 터에 옮겨 심은 나무들 가운데 숨을 못 붙이고 쓰러진 것도 많았다. 우리는 급해 삽을 깊이 박지 못했고, 언 손을 호호 불며 이식하느라 허술한 자리가 많았다. 그래도 새 마당은 유실수와 관상수로 북적였다. 내가 군에 간 뒤 아버지는 연못까지 파 정원에 물을 돌렸고 그늘이 깊어졌다.

세월이 더 지나고 막내 남동생이 장가들고 쌍둥이를 낳자 형편이 바뀌었다. 막내 부부는 주말이면 본가에 들러 가끔 아이들을 맡겼는데 애들이 물가로 나가 두려워할 일이 생길까 봐서 연못을 메웠다.

옛집에서 옮겨온 현관 앞 늘씬한 대추나무도 가족과 엮인 사연을 품었다. 누이와 외사촌 누이가 넋을 되돌리던 날, 외할머니는 새집 마루에서 넋을 불렀다. 향불이 오르고, 생쌀 가득한 사발 위에 '팔공산 대명1동' 네 글자가 또렷했다. 여동생은 대명동에서 교통사고를 당했던 적이 있었다. 나는 술기운이 채 가시지 않은 숙취의 아침에, 요령 소리를 들으며 푸른 향냄새를 맡았다.

 넋들임의 끝자락이었다. 외할머니는 마당으로 나가 대추나무 아래에서 외쳤다.
 "선희, 봉선이 넋 돌아왔쩨!"
 그 순간 대추나무 우듬지가 흔들리는 것을 나는 분명 보았다. 얼마 지나지 않아 대추나무는 그때 기운을 너무 뺏는지 속이 썩어 천수를 다하지 못했다.

 황도복숭아 세 그루도 결국 사라졌다. 동네에 도화나무를 심으면 딸이 바람난다는 소문이 돌자, 사소한 일로 화가 난 아버지는 복숭아나무를 찍어 눕혔다. 그 나무들도 우리와 한집살이였고, 드럼통 절반만 한 하늘색 큰 화분에 앵두꽃이 터지던 봄날을 떠올리면 집안 얼굴에 웃음이 번지곤 했다.

 새집이 자리를 잡아갈 즈음 정원의 표정도 달라졌다. 이층을 올리겠다는 누이의 바람 때문에 자재를 들일 공간이 부족해 정원 나무들은 대부분 톱날을 맞았다. 그날부터 골목 바람은 속살을 드러냈다. 아버지가 세상을 뜨자 햇볕을 좋아하던 어머니는 화사한 마당을 더 좋아해 나무 대신 푸성귀를 심었다.

 휑한 정원에 볕과 바람이 어정거렸다. 집안 권력이 바뀌자 정원의 분위기도 바뀌었다. 불을 끄고 누우면 동고동락하던 풍경들이 의식 속으로 밀려든다. 리어카 바퀴 소리, 삽날이 흙을 가르던 감촉, 초봄 죽순에서 오르던 풋내가 한꺼번에 올라온다. 나는 그럴 때면 마음속에 술 한 잔을 따른다. 대추, 복숭아, 무화과 등 한 그루씩 흐릿한 형체를 떠올리며 이름을 되뇌는 것이 내 방식의 수목 제사다.

문중
벌초

항상 벌초철이면 까마귀들이 어찌 아는지 공동묘지 주변으로 먼저 모여든다. 올해도 아버지께서 잠드신 해안동 선영에서 일가친척들과 벌초를 마치고 음복을 준비하던 차에 까마귀들이 날아왔다. 수년을 산 몇몇 까마귀는 학습을 했을 것이다. 그들의 선대들로부터, 바람이 선선해질 무렵이면 사람들이 제물을 싸 들고 봉분이 널린 곳으로 와 여름내 허리까지 자란 풀을 베고 향을 피운다는 사실을 배웠으리라.

내 태만으로 아버지 봉분에 올릴 제물을 차리지 못했다. 급한 대로 어설프게 막걸리 한 병과 빵 하나를 어느 제족에게 양해를 구해 얻어 아버지 산소에 올렸다. 담배 한 개비도 놓아드리면 좋았겠지만 삼 형제가 손절했으니 아버지도 이해하실 거라 믿었다.

해마다 문중 벌초에 참가하는 인원이 줄어든다. 동생이 어림해 보니 올해는 35명이 참석했다. 원래는 60명가량은 되어야 정상인데, 올해는 큰형님 댁의 작은 조카 한 명만 참석했고, 대체로 50대 이상의 사촌들만 모였다.

해마다 형제들끼리는 가족묘 이장 문제로 떠들지만 좀처럼 결론이 나지 않는다. 종손댁 큰형수는 고향 근처의 어떤 신당에 드나드는데, 그곳의 스님이 지난해 형수에게 뜻밖의 말을 건넸다고 한다.

"혹시 집안에 산소들 이장허젠 햄수과?"

형수는 깜짝 놀라 "어떻게 알았수과?" 하고 묻자, 스님이 말했다고 한다.

"이장허민 집안에 피바람 불쿠다."

형수가 돌아와 남편에게 이 말을 전했고, 장손은 제사 때 사촌들에게 그 얘기를 전하며 조상 산에 대한 이장 논의를 일단 봉합해버렸다. 결국 오라골프장 너머 깊숙한 골짜기, 노루가 살고 들개 떼가 마음대로 흘레붙는 곳에 묻힌 조부모를 옮기려던 계획은 스님의 한마디로 좌절된 꼴이 되었다.

매년 벌초 때 가장 큰 고역은 그 조부모 산을 찾는 일이었다. 문중 벌초가 끝난 다음에야 찾는 그곳은 먼저 비수리와 억새가 사람 키 높이로 자라 있고, 더덕밭 울타리 밑을 기어야 하고 찔레덤불의 가시에 찔리며 낫으로 쳐내야만 도달할 수 있는 곳이었다. 도착하면 제주시 전경이 내려다보이는 자리라 잠시 숨을 돌리게 되지만, 봉분은 희미하게만 보일 뿐 잡풀이 가득하다. 사촌들은 도착하자마자 한숨과 투덜거림을 쏟아낸다.

"하이고, 이거 못 해먹을 짓이네."

막냇동생이 내게 물었다.

"형님, 산 이장할 때 동티 막는 방책 없수과?"

한전에 근무하는 녀석은 수만 볼트 급진적 성향을 가졌는지라 어떻게 해서든지 간에 조부모 봉분을 열어 쇠락하신 옥체를 납골당에 모시고 싶은 것이다.

"아무래도 큰형수 모르게 봉투에 금일봉을 넣고 발렌타인 한 병 사서 그 스님 찾아가서 사바사바하는 게 최선의 비책 같다."

나는 농담으로 그렇게 말했지만 내뱉고 보니, 그게 또 그럴듯한 묘책인 것도 같았다. 다음 주 가족 벌초 때 종손에게 스님이 했다는 말의 정확한 취지를 물어볼 것이다. 혹시 형수가 시주를 적절히 하지 않았기 때문에 그런 말을 들은 건 아닌지, 진지하게 확인해볼 참이다.

하여튼 벌초 때만 돌아오면 조상들은 예를 갖추지 않은 후손들을 괴롭힐 여러 가지 비책을 가지고 산 자들을 움직여 우리를 겁박하는 건 아닌지 모르겠다.

제주 냄새, 사람 냄새, 물씬한 풍경들
은종이 쟁쟁한 날

1판 1쇄 발행	2025년 11월 28일
지은이	김세홍
발행인	윤미소
발행처	(주)달아실출판사
책임편집	박제영
디자인	전부다
편집위원	김선순, 이나래
법률자문	김용진, 이종진
주소	강원도 춘천시 춘천로 257, 2층
전화	033-241-7661
팩스	033-241-7662
이메일	dalasilmoongo@naver.com
출판등록	2016년 12월 30일 제494호

ⓒ 김세홍, 2025
ISBN 979-11-7207-082-3 03810

이 책의 일부 또는 전부를 재사용하려면 반드시 저작권자와 (주)달아실출판사 양측의 동의를 얻어야 합니다.

• 잘못된 책은 구입한 곳에서 바꿔드립니다.
• 책값은 뒤표지에 표시되어 있습니다.
• 이 책은 제주문화재단의 후원으로 제작되었습니다.